JN134221

東大→東大大学院
600個超保有の資格王が教える

点数稼ぎの勉強法

鈴木秀明

ダイヤモンド社

はじめに

私は、地方の公立校から独学で東大に現役合格し、資格の専門家として600以上の資格試験にすべて独学で合格してきました。

初対面の人に自己紹介をすると、「たくさん資格をもっていてすごい」というよりは、「社会人になっても、そんなに勉強を続けられているのがすごい」と驚かれます。

確かに日本人は、一生懸命に勉強するのはせいぜい大学入試までで、大学生や社会人になったとたんに勉強しなくなる人が多いです。日本人は、大人になってからも何らかの学習に取り組んでいる人の割合が先進国で最も低いという調査結果もあります。

「AI化の進展」や「人生100年時代」の到来で、今後私たちの生き方や働き方は大きく変わり、「一生学び続けなければならない時代」になるといわれています。「いい大学に入学できさえすれば、もう勉強は終わり」という考え方からはシフトしていかなければならないでしょう。

そういう意味では私は、大学在学中から20年近く、法律・金融・技術・IT・語学・歴史など多岐にわたる分野の勉強を、さまざまな資格試験を通じて継続しているので、「日本一学び続ける男」と自称しても言いすぎではないかもしれません。

なぜ勉強を続けられるのかというと、「資格をとれる」「点数をとれる」という結果が出せることに楽しさを覚えるからです。

3男1女を東大理三に合格させた「佐藤ママ」として知られる佐藤亮子さんの言葉に、「点数がとれるようになると、子どもはやる気になってくれるんですよね」というものがあります。まさにその通りで、**点数さえとれればやる気が出て、勉強へ前のめりになって、より結果が出せる人になり、勉強が楽しくなって継続できる**のです。

そして、そのために必要なのが、**「テストで点数をとる技術」**です。

ただ「学力」を伸ばすのではなく、テストで点数をとることを志向した「得点力」を伸ばすための効率的な勉強をする必要があります。

「効率」というと「ずるい」とか「小手先」というイメージをもつ人もいるかもしれませんが、そうではありません。効率的な勉強でスマートに結果を出す経験を積むことによって、自信につながり、ポジティブに学びを継続できる人になれるのです。

逆に、効率を志向せず、時間ばかりがかかって点数という結果につながらない勉強を続けることによって、勉強が嫌になり、学ぶ意欲を失ってしまうのは、本当にもったいないことです。どうせ勉強しなければならないのなら、苦しみながらやるよりも、少しでも楽をして結果を出せるやり方をするほうがいいのです。

本書は、**点数をとるために必要な考え方から勉強習慣まで、徹底的に「得点力を向上させること」を目的としたもの**です。**約20年にわたり、東大入試を含めて何百種類もの試験を毎週のように受け続け、独学で結果を出してきた私の経験に基づく「点数をとる技術」**を公開します。

まず序章で「得点できる人とできない人は何が違うのか？」について概説し、第1章で、得点できる人になるために磨くべき「8つの力」を紹介します。

第2章は「得点マスターになるための作戦」、第3章は「勉強を始める前に意識すること」についてです。得点力アップのために早い段階でおさえておきたい事項です。

第4章では「日々の勉強の進め方」について、第5章では「得点力を高める習慣」について書いています。普段の勉強や生活の中にさまざまな工夫を取り入れることによって、さらに勉強の効率を高めることができます。

終章は、国語・数学・英語・理科・社会の5教科の勉強法のポイントです。

本書は特に、次のような悩みを抱えている人にぜひ読んでいただきたいです。

- 努力しているはずなのに、結果につながっていないと感じる人
- 日々の勉強に面白みを感じられず、モチベーションが上がらない人
- 自分は勉強には向いていない、と勉強を諦めてしまっている人

結果を出せる勉強は、決して「頭のいい人にしかできない」ものではありません。**効率的に勉強するためのノウハウや考え方さえ知っていれば、誰でももっと得点力を高めることができる**のです。

「楽しく効率的に結果を出せる人」になって、人生をより豊かなものにしましょう！

東大→東大大学院→600個超保有の資格王が教える

点数稼ぎの勉強法

目次

第2章 「得点マスター」になる戦略がある

第3章

勉強を始める前に意識すること

第4章

点数を稼ぐための勉強スタイル

第5章

独学で得点力を高める習慣

終章

結果を出せる教科別の勉強法

イラスト／Hilch/Shutterstock.com

序章

「得点できる人」と「得点できない人」の違い

塾の3大メリットを自分に取り込む

私はこれまで、塾や予備校というものに通ったことがまったくありません。実は習い事すらも経験がありません。

これまで、学校の勉強から、東大入試、600以上の資格試験に至るまで、すべて独学で結果を出してきました。

「親が金持ちもしくは教育関係者」「有名大学出身者を多数出している家系」「学びの意欲を刺激されるような教育環境で育った」ということもまったくないのですが、それでもさまざまな工夫や試行錯誤をしながら、勉強習慣や得点力を身につけることを徹底的に意識してきました。

「東大入試や難関資格試験は塾を使わないと無理」というのは思い込みです。塾の存在意義を否定するような意図はもちろんありませんが、やり方次第で独学でもじゅうぶん結果を出すことができるのです。

そもそもですが、塾や予備校のメリットとは何でしょうか。

私が考える塾の本質的なメリットとは、次の3つです。

①学校よりも早くカリキュラムが進む
②塾にしかない教材や情報を活用できる
③勉強仲間や強制的な勉強環境など、「行動を勉強へと向ける場」としての意義

これらのメリットが独学でも実現できるのであれば、塾を使わずとも学校の勉強や独学だけでじゅうぶんに成果は出せるのです。

逆に、塾に通ってもさほど成績が伸びない人もいますが、それは①②③のメリットを活かしきれていないからです。学校より早くカリキュラムが進んでも、それについていけなければ意味がありませんし、塾独自の教材や勉強環境も、積極的に活用していく意志がな

ければ宝の持ち腐れにしかなりません。

「①学校よりも早くカリキュラムが進む」については、適切な独学用教材さえあれば、学校の授業よりも進んだ内容に自分で取り組んでいくことはいくらでも可能です。

「②塾にしかない教材や情報を活用できる」については、一昔前ならともかく、これだけインターネット上に受験や勉強にまつわる情報が溢れかえっている現代にあっては、有用な情報やノウハウは簡単に入手できてしまいます。市販の教材の充実度やバリエーションも、数年前とは比較にならないくらいです。

あとは、「③勉強仲間や強制的な勉強環境など、『行動を勉強へと向ける場』としての意義」さえ何とかなればいいのです。すなわち、学校や塾のような「強制的に勉強させられる環境」でなくても意識が自然と勉強に向くようになり、勉強を習慣化できさえすれば、塾の本質的なメリットを自分の中に取り込んで独学で結果を出せる人になれるのです。

「得点」とは、相手の求める答えを出すこと

「得点力」とはすなわち「コミュニケーションスキル」です。

相手からの問いに対して、相手が求める答えを的確に返せるスキルです。

恋人や友達にプレゼントを贈るとき、「自分が贈りたいもの」ではなく、「相手が欲しがっているもの」「相手を喜ばせられるもの」を選びますよね。

それと同じで、ただやみくもに「漠然とした学力」を高めるだけの勉強をしていてはダメなのです。

大学入試や資格試験では、大学・資格ごとに、「こんな成果を出せる学生・受験者に合格してほしい」という想いやビジョンがあります。

そして、条件を満たす学生・受験者を選抜できるような試験問題が作成されています。

ところが、多くの学生・受験者は、大学入試や資格試験の作問者の意図からずれたアウトプットしか出せないような、非効率な勉強をしてしまっているのです。たとえば、

- 作文スキルが磨かれておらず、質の高い文章が書けていない
- 細かい知識が求められているのに、用語や数字などを正確に覚えられていない
- 勉強していることはうかがえるが、重要な箇所の理解がおろそかになっている

といったぐあいです。

ひとくちに「学力」といっても、具体的にどんな知識やスキルを身につければその試験に受かるのか、という勘どころを見極めた勉強をしなければなりません。

すなわち、「学力」と「得点力」は、まったく別物なのです。

勘どころを見極めた勉強をするには、「相手の好み」を知るための「過去問分析」を行う必要があります。

また、本番の試験においても、ひとりよがりな解答をしてしまう人がいます。「記述問題で、文字数や盛り込むべき内容の条件が指定されているのに、それに沿わない解答をする」「問題文について自分勝手に変な解釈をしてしまい、的外れな解答をする」などです。

これらは自分では「正しくできているつもり」になってしまっていることが多く、不適切な解答になっていることに自分では気付きにくいので、注意が必要です。

普段のテストで「えっ、どうしてこの解答で×なの？」と思うことが多い人は、自分には「相手側の立場に立った視点」が欠如していると考えたほうがいいです。

答案は「自分がつくるもの」ではなく「誰かが読むもの」であるという意識をもたないといけません。これは、まさにコミュニケーションスキルです。

逆に、その意識をもつだけで得点力は高まります。

東大生は「勉強はできるけれどコミュニケーションスキルは低い」というイメージがあるかもしれませんが、むしろ意外とコミュニケーションスキルの高い人が多いです。

相手が求めるものを的確に返すスキルをもつ人たちだからです。

以前、とあるテレビ局のスタッフさんから、番組の出演者として「いかにも勉強しかしてこなかったような、ステレオタイプな東大生」を紹介してほしいという依頼を受けたことがあります。

このような、マンガにでも出てきそうな「いかにもな東大生」というのは現実にはあまり存在しておらず、探すのがけっこう大変なのだそうです。

実際の東大生の多くは、人当たりがよく、快活で、礼儀正しい人たちです。

得点力が高い人ほど、作問者側の気持ちになって「試験」や「勉強」というものをとらえることができますし、逆に、作問者側の気持ちがわかるようになれば、得点力は上がります。

得点力を高めることと、コミュニケーションスキルやヒューマンスキルを高めることとは、実は表裏一体なのです。

本の内容がわかれば、勉強は面白くなる

「とにかく教科書を読むのが面白くないんだ」という人もいらっしゃることでしょう。

なぜ面白くないのかというと、話はシンプルで、書いてある内容がわからないからです。

本に書いてある内容がわかれば、勉強は間違いなく面白くなります。

そもそも、学校の教科書というのは、ひとりで読んでいても絶対に面白くないつくりになっています。

学校の授業で先生が解説しながら読み進めていく前提でつくられているので、先生の解説なしに自分ひとりだけで読み進めてもさっぱり理解できないのです。

特に、英語や国語の教科書というのは、読むだけで英語や国語の知識が体系的に学べるわけではなく、ただ例文や文学作品の一節が並んでいるだけです。「何か文章が載っているけど、だから何なんだろう？」としか思えなくても無理はありません。

学校の教科書は、「独学」にはまったく向いていないのです。

これが「教科書を読んでもさっぱりわからない」となって、勉強嫌いな子どもを増やす要因のひとつになってしまっているのは、とてももったいないことです。

学校の教科書以外の本にも視野を広げてみることで、まずは一歩前進できるはずです。

それでは、「書いてある内容がわかる」ようになるためにはどうすればいいのでしょうか。

そのためには、とにかく「本に出てくる基本的な言葉を覚える」「『わかる』の前提となる基本知識を固める」ことに尽きます。

「わからない」のは、基本を飛ばしていきなりワンランク上のことをやろうとしているからという、これまた実にシンプルな話です。

適切な教材を使って、基本的なことから地道にしっかりおさえていけば、絶対に「わかる」ようになります。

今やっている勉強が「わからない」なら、一度初心に帰って基本をしっかりおさえてから戻ってくることが、一見遠回りなように見えて実は一番の近道です。

「今さら小学○年生レベルの勉強に戻るなんて……」などとは考えないことです。それは間違いなくあなたが今進むべき道であり、まったく恥ずかしいことではないのです。

私自身、まったく未知の分野のことを勉強するときや、「昔勉強したことがある内容だけど、もうすっかり忘れてしまっているな」と思えることを勉強し直すときには、子ども向けの教材を使って勉強することがあります。

「基本から着実に積み上げていく」というシンプルな原則が、結局のところ最も重要なのです。

努力して結果を出す経験が大事

「勉強が好き」という人は残念ながらあまりいません。
勉強が好きな人とは、
①学びの過程そのものに楽しさを感じられる人
②勉強で結果が出せると楽しいと思える人
です。理想は①ですが、これはもう趣味嗜好の領域になってきます。

運動・スポーツを娯楽として楽しめる人もいれば、苦行にしか感じない人もいるように、「①学びの過程そのものに楽しさを感じられる人」に当てはまらない人が、いきなり考え方を変えられるかというと、それは難しいでしょう。

ですから、手っ取り早いのは、「②勉強で結果が出せると楽しいと思える人」を目指すことです。

スポーツを苦行にしか思えなかった人が、最初は嫌々ながらやってみて少しずつ結果を出せるようになってくると、苦手意識がなくなってだんだん好きになるケースもあります。

一度結果が出れば、モチベーションは自然と高まってくるのです。

私自身の経験としては、もともと理系だったため、文系分野の国語や社会の教科は最初は思うように点がとれず、勉強する内容に面白みを感じることができませんでした。

しかし、得点の勘どころがつかめてきて点数がとれるようになってくると、一気に面白くなってきて、特に国語の成績は得意科目といえるレベルにまで伸ばすことができました。

勉強が好きになれない人は、幼少期から「努力したら結果が出る」という経験をしてこなかったことにその主な原因があります。

努力しても結果が出せないというのは、その人の能力が足りなかったからというよりは、努力の方向性や進め方が適切ではなく、効率の悪い勉強をしてしまっていたからです。

・がんばってはいるがその努力の方向性が間違っていて、結果につながらない
↓
・やっても成果が出ないので面白くないし、努力する意味が見出せなくなる
↓
・勉強が嫌いになり、ますますがんばる気力が失せる

という負のループが発生してしまうのです。

逆に言うと、子どもの頃から勉強やスポーツで「努力したら結果が出る」ということを経験してきている人は、「努力したら結果につながる」というマインドセットがすでにできているので、仕事でも恋愛でもプライベートでも、現状をよりよくするために積極的に努力し行動を起こせる人になります。

よく「スポーツができる人は勉強もできる」ということがいわれていますが、その背景にはこうした理由があるのです。

そういう意味でも、子どもの頃から「努力したぶん、結果が出せる」ような勉強や経験

はぜひともしておかなければなりません。

そのためには、「効率的に結果を出せる勉強」を志向する必要があるでしょう。

「勉強は効率的にやるべき」という考え方は、単なるテクニックや効率重視の考え方ではなく、実は人格形成やその後の人生にも深くつながっていくものなのです。

ゲームは続けられるが、勉強はなぜ続かない？

勉強は「将来、本当に何かの役に立つのかな？」と思ってしまうから楽しくない、という声も聞きます。

しかし、それはゲームなどの趣味についても同じことがいえます。

なぜゲームは楽しくて続けられるのに、勉強は続けられないのでしょうか。

「努力して、成長して、結果を出す」というフローは、ゲームでも勉強でも同じです。華々しいイベント要素だけでなく、地道なルーチンワークをひたすらこなす場面も多いという点でも共通しています。

それなのにゲームは面白くて、勉強は面白くないというのはなぜなのか。

勉強のモチベーションが続かないのは、ゲームと比べて「自分の成長や前進の度合いが、明確な数字や実績として見えにくい」ことに大きな要因があります。

ゲームでは、敵を倒したり、ミッションをこなしたりといった「努力」の過程で、「経験値」「お金」「アイテム」「ポイント」といったものが、たとえ少しずつであっても確実に目に見える形で増えていきます。

そのため、たとえ単調なレベル上げやルーチンワークの作業中でも、成長感や「確実に前に進んでいる感」を得ることができます。

つまり、努力の見返りが、確実かつタイムリーに目に見える形で発生しているのです。

逆に、戦いに勝っても目に見える見返りが何もないゲームがもしあったとしたら、戦闘をただこなすことに何の楽しみも見出せないでしょう。

勉強はこのように「目に見える見返り」をすぐ得られるわけではないために、面白くないのです。

また、ゲームでは失敗したときのリスクや損失が現実世界ほど大きくない（かつ、損失が現実世界まで波及しない）ので、失敗を恐れずに挑戦できるということも、楽しさを覚える要因のひとつです。

「挑戦する」から「面白い」のです。

新しいことや困難なことへの挑戦は、本来絶対に「面白いこと」のはずなのですが、現実世界での挑戦は、常に失敗のリスクや、「失敗したら恥ずかしい」という想いがつきまといます。そのため、みんな挑戦しません。

ゲームの世界では思い切って挑戦できるから面白いのですが、現実世界では「挑戦しないから、面白くない」のです。

「新しい問題に挑戦して、間違えてしまうのは嫌だ」「この年齢になって、今さらこんなことを勉強し直すのも恥ずかしい」といった想いは誰しもあるでしょう。

しかし、勉強での失敗や恥なんて、ビジネスでの失敗に比べればかわいいものです。

「プロジェクトに失敗して何億円もの損失を出す」といったことに比べれば、勉強での失敗なんてそれこそゲームでの失敗みたいなものです。

「聞くは一時の恥、聞かぬは一生の恥」という言葉もありますが、「やって失敗するは一時の恥、やらぬは一生の損」です。

ゲームでも勉強でも、失敗を恐れず挑戦するからこそレベルアップできます。

勉強とは、「失敗をすればするほど成長できる」ものです。いわば「失敗した者が勝ち」の世界なのです。

得点→自信→勉強→継続のサイクルを回す

効率的な勉強によって得点力が上がれば、高成績という結果が出せて、自信につながります。

そうすると勉強が楽しくなって、自然と継続できるようになります。

そして、勉強の継続自体がさらなる得点力アップにつながります。

この好循環のサイクルを回していくことで、ポジティブな気持ちを保って勉強を継続・習慣化していくことができます。

逆に言うと、この好循環サイクルを止めてしまう「勉強における挫折」をいかに避けるかがカギです。

このサイクルのどこかで「勉強のやり方がうまくなかったせいか、得点につながらない↓自信がなくなる↓勉強が楽しくなくなる↓勉強しなくなる」となってしまうと、好循環サイクルから外れて負のループへまっしぐらに進んでしまいます。

そしてこれは、どんな人にでも、ある日突然に訪れうる阻害要因であり、落とし穴です。

そこで気持ちをうまく切り替えて、勉強のやり方や勉強する内容を柔軟にアレンジしたり、自分を客観的に見つめ直したりできるかどうかが、得点力を下支えする基盤となります。


頭のいい人が結果を出せるのは、勉強を続けられるからです。

勉強を続けられるのは、挫折するような失敗をしないからではなく、挫折しそうになったときにそれをうまくいなすことができるからです。

これは単なるポジティブ思考や意志の強さの問題ではなく、ノウハウがあります。

この「負のループに陥らないためのノウハウ」についても、本書の随所で紹介していきます。

たった一度の挫折がきっかけで勉強が嫌いになってしまうのは、とても残念なことですし、本当にもったいないことです。

私自身、

- 合格点に1点足りなくて落ちる
- どう考えても受かるはずの試験に落ちる
- 相当念入りに対策したはずの試験で平均点すらとれない

という苦い経験を味わったことは一度や二度ではないですし、勉強があまりにもうまくいかず、第一志望の進路を諦めざるをえなかった時期もあります。

しかし、挫折しそうな状況に陥ったときでも、自分の考えや行動をスパッと切り替えて、そのつど、うまく対応してきたからこそ今があると感じています。

第1章

8つの力で得点できる人になる

物事の本質をつかむ8つの力がある

試験や勉強で効率的に結果を出せる人は、どんな力をもった人なのでしょうか？

私が今まで出会ってきた頭のいい人のやり方や、私自身がこれまで試行錯誤してきた経験から、その本質的な力について整理してみました。

それが、第1章で紹介する「8つの力」です。すなわち、「応用力」「要約力」「流用力」「選書力」「図化力」「要領力」「慎重力」「先見力」の8つです。

なぜこれらの力が重要かというと、「得点→自信→勉強→継続」のサイクルを回すために必要な、

・時間や労力をかけずに効率的な勉強ができる
・難しいことや応用問題にも確実に対応できて自信にできる
・挫折に陥らないような柔軟な行動や考え方ができる

ことの実現に密接に関わる行動規範やマインドセットだからです。

本質的に重要なことは何なのかを素早くつかみ、成果を出すための的確な行動がとれる力ということになります。


本章では、8つの力のそれぞれについて、「なぜその力が必要なのか」「力を身につけるメリット」「力を身につける方法」を紹介していきます。

結果を出せる人はこのような力が自然と身についている一方で、そうでない人にとっては「意識したこともなかった」と思える力や考え方かもしれません。

まずはこの8つの力について「意識する」だけでも、「得点できる人」に大きく近付くことができますので、具体的な勉強のやり方について考える前に、ぜひとも心に刻み込んでおいてください。

応用力を磨く

――基本的な知識を積み重ねて応用的なアウトプットを出す力

テストでは、基本的な知識があるだけでは解けない「応用力が必要な問題」が出題されます。

応用問題は配点が高く設定されていることが多く、高得点を目指すなら解かないわけにはいきませんが、応用問題はいまひとつ自信がないという人も多いのではないでしょうか。

しかし、応用問題に対してそこまで身構える必要はまったくありません。

応用問題を解くのに重要なのは、「基本知識」を「どうつないでいくか」だけです。

スタートの島（問題文）からゴールの島（解答）までの間に横たわる海の上に、どのようなパーツ（基本知識）をどのようにつないで橋を架けていけばいいかの選択ができればいいだけなのです。

応用といっても、ゼロからイチを生み出すようなひらめきのスキルが必要なわけではありません。

必要なのは、パーツとなる基本知識を一通りしっかりおさえておくこと。そして、パーツのつなぎ方のパターンを知っておくことです。

問題集で数多くの解法パターンを身につけて、それをそのまま流用することが可能です。

つまり応用力を磨くというのは、解法パターンを蓄積していくことにほかならないのです。

応用問題が苦手だという人は、応用問題が難しそうに見えて気後れしてしまい、パターンにふれる機会が少なくなってしまっているだけです。

「難しそうに感じる→挑戦するのを避ける→解法パターンが蓄積できない→解けない」という負のループに陥っているのです。

最初は解けなくても大丈夫なので、まずは応用問題の解法パターンにたくさんふれることを集中的にやりましょう。

そうしているうちに、応用問題といっても実は限られたパターンの繰り返しで、思ったほど難しいものではないことに気付くはずです。

試験勉強では、一見困難に見える壁にも、臆することなくまずはふれてみる勇気が問われているともいえます。これは勉強に限らず、仕事や恋愛においてもとても大事な姿勢ですね。


問題集を活用して解法パターンを蓄積していくコツは、問題ごとの「出題パターン」と「解法」を赤ペンで問題集にどんどん書き込んでいくことです。

問題ごとに「①このタイプの問題」は「②こう解く」ということが一見してわかるように、問題文や解説文の該当箇所に下線を引いたり、メモを書いたりしておきます。こうすることで、2周目以降で①②のポイントを簡単に復習できるようになります。

これを積み重ねていけば、「①問題」を目にしたときに「②こう解く」がパッと出てくるようになります。解法パターンの蓄積さえ万全であれば、応用問題など恐れるに足りません。

▶応用力の磨き方

1

解説を読む

応用問題は最初は解けなくてもいいので、まずは解説を読む

2

赤入れをする

「①このタイプの問題」は「②こう解く」というポイントがわかるように、問題文・解説文に下線を引いたりメモを書く

3

繰り返す

赤入れした「①問題タイプ」と「②こう解く」の箇所を繰り返し読んで、パターンを覚える

解法パターンを蓄積していくことで、難しい問題が出たとしても、一見してすぐ解法がわかるようになる

要約力を磨く

――要するにどういうことか、を端的にとらえる力

マンガや小説に出てくる登場人物に、民法・刑法の条文や、『古事記』『日本書紀』などの歴史書の文章を一字一句違わず暗唱する、天才系のインテリキャラがときどきいます。

しかしこれはあくまでファンタジーの世界の話であって、こんな天才はこの世に実在しません。そもそも、法律の条文などを完璧に正確に覚えることには、あまり意味がないからです。

法律の条文や教科書の本文などは、そのまま覚えるには長すぎます。

そのまま覚えようとするのではなくて、自分の中で「要するにどういうことか」と圧縮したうえで知識として吸収する必要があります。

この「要するにどういうことか」を端的にとらえる「要約力」が重要です。

頭のいい人は、頭の中のハードディスクにデータをうまく圧縮してから保存する能力が高いのであって、ハードディスクの容量自体が常人よりも特別大きいとか優れているというわけではないのです。

長い文章の要約は、基本的に次のようなポイントを意識して行います。

①あるワードを削除しても文意を変えずに文章が成り立つなら、そのワードは消す
②複雑なワードや表現を、もっと簡潔な別のワードに置き換える
③あえて書かずとも残りの文章から当然連想できる内容は、まるごと省略する

とはいえ、できるだけざっくり覚えるようにすればいいのかというと、単純にそうともいえません。不適切な要約の仕方をして覚えてしまうと、試験問題として出てきたときに対応できないことがあります。

たとえば、次の特許法の条文を覚えるとします。

第六十七条　特許権の存続期間は、特許出願の日から二十年をもつて終了する。
2　特許権の存続期間は、その特許発明の実施について安全性の確保等を目的とする法律の規定による許可その他の処分であつて当該処分の目的、手続等からみて当該処分を的確に行うには相当の期間を要するものとして政令で定めるものを受けることが必要であるために、その特許発明の実施をすることができない期間があつたときは、五年を限度として、延長登録の出願により延長することができる。

この長い文章は「特許権は出願日から20年。実施不可期間ありなら5年延長可」のように要約しますが、これを「特許は20年」とざっくり覚えてしまうのはよくありません。

というのも、20年の起算日が「特許出願日」なのか「設定登録日」なのかを区別して覚えていないと解けない問題がしばしば出るからです。要約するとはいえ、文章に含まれるキーワードや重要なポイントは正確に覚えておかなければなりません。

要約力の肝は、「どのポイントは正確に覚えている必要があって、どのポイントはざっくり端折ってしまっても問題ないのか」の見極めです。

たとえば、教科書で太字・赤字になっている用語は「そのまま覚えるべき重要な用語」なので、それ以上自分で勝手に要約して言い換えてしまってはいけません。
また、問題集に出てくる問題を吟味してみることによっても、そのまま覚えるべき重要な用語（端折って覚えてはいけないところ）を見極めることができます。

具体的には、

①正誤判定問題で「正しい文章」から「誤りの文章」にするために変形されている箇所
②穴埋め問題の「穴」の部分に入るワードとして出てくる用語
③論述問題で「以下の語句を必ず用いて記述せよ」とされている指定語句

などです。

これらはそのまま、「ここの暗記があいまいだと問題に答えられない」というポイントなので、「そのまま覚えるべき重要な用語」です。

このような用語やポイントは正確に覚えるようにしつつ、できるだけ文章を圧縮して「要するにどういうことか」を端的に覚えるようにします。

▶要約力の磨き方

1

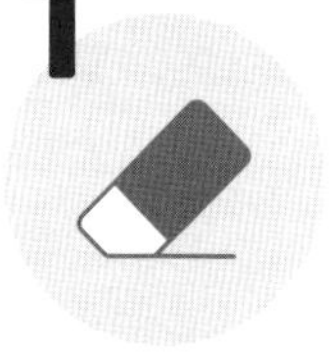

消す

消しても文意が変わらないワードを消す

例 特許出願の日

↓

出願日

2

置き換える

複雑なワードを簡潔な別のワードに置き換える

例 その特許発明の実施をすることができない期間

↓

実施不可期間

3

省略する

残りの文章から当然連想できる内容を省略する

例 延長登録の出願により延長することができる

↓

延長可

できるだけ文章を圧縮して「要するにどういうことか」を端的に覚える。ただし、重要なポイントは正確に

流用力を磨く

——他の概念や考え方から類推したり活用したりする力

初めてふれた新しい事柄について勉強しているときに、「これってよく考えたら、○○の仕組みとほぼ同じことだな」と途中で気付いて、それだけで一気に腑に落ちたという経験はないでしょうか。

私のこれまでの経験ですと、簿記検定で出てくる投資プロジェクトの採算性の計算について勉強していて、「あ、これはファイナンシャルプランナーで出てくる年金額の計算と同じことだ」と気付いたときには、もうそれだけで全体像が理解できてしまったことがあります。

具体的には、「X年間にわたって毎年Y円のキャッシュを生むプロジェクトは現在いくらまでなら投資する価値があるか。ただし、将来のキャッシュの価値は年Z%の割引率で現在価値に直す」というのと、「毎年Y円の年金をX年にわたって受け取るために必要な年金原資（元本）はいくらか。ただし、元本は年Z%の利子率で運用できるものとする」というのは実は同じことを言っているのだと気付いたので、既存の知識を流用してすんなり理解できたのです。

何か新しい知識を身につけようとする際には、すでに知っている別の観念や仕組みをベースとして、そこから類推・発展させて考えると、すんなり理解できます。実際に、私たちは日々そのような形で新しい情報を理解しています。

たとえば、バレーボールを知っている人が「セパタクロー」というスポーツに初めてふれた場合、「足でやるバレーみたいなものか」と理解するでしょう。

また、絶賛売り出し中の人物や新商品のキャッチフレーズに「和製○○」「現代版○○」といったフレーズが使われるのも、「既存の著名な○○のようなもの」と表現することで、詳しく説明せずともその特性を伝えられるからです。

難しいことや複雑なことを理解しようとする場合、何か別の既知の枠組みに当てはめたり関連づけたりできないかと考えるクセをつけましょう。

既存の枠組みに関連させることですんなり理解できたり、新たに覚えなければいけないことの量を削減できたりします。

「○○とは『△△に似ているけど、この点だけ少し違うもの』である」という覚え方をすることで、簡潔にイメージして認識することができるのです。

そのため、いろいろな分野の概念や、物事の仕組みのバリエーションを知っていればいるほど、別の新しいことを学ぶ際にそれらの仕組みを流用して理解の助けとすることができます。

私はこれまで600以上の多岐にわたる分野の資格を取得していて、人からは「よくそんなに全然関連性のない分野の知識を大量に習得できますね」と言われますが、一見関連性がなさそうな分野にも、実は共通する要素というのは意外とあります。そのため資格マニアやクイズ王のような「いろいろな雑多な知識をもっている人」であればあるほど、また別のまったく新しい知識を吸収するのも早いのです。

また、複雑な物事や抽象的な概念を、具体的にイメージするための助けとして「何か別の既知なもの」を流用することもできます。

たとえば民法で決まっている「相続のルール」に関して、少し複雑な家族構成の相続事例について考える場合には、マンガやアニメに出てくる架空の家族構成を思い浮かべると簡潔に整理できます。

実際に、サザエさんの家族を題材として相続のルールが学べる『磯野家の相続』という書籍が出ており、少し複雑な相続事例も「もし磯野家の家族で〇〇さんが亡くなったとしたら、相続人になるのは……」と具体的にイメージすることができるのです。

初めて会った人の顔を覚える際にも、「目はこんな感じで、鼻はこんな感じで……」と顔のパーツの特徴を個別に覚えるより、「有名人の〇〇さんにちょっと似ている人」と覚えるほうが早いです。

このような「〇〇と似ている」「〇〇とほぼ同じ」という覚え方は、言葉だけで表現しようとすると複雑になりすぎることを覚えるときに特に有効です。

▶流用力の磨き方

1

似たようなものを探す

すでに知っている別の観念や仕組みをベースとして、そこから類推・発展させて考える

2

既知の具体例でイメージする

難解なものや複雑なことをそのまま理解しようとするのではなく、既知の具体的なイメージや概念を入り口にして理解する

3

言葉にまとめる

一言で言い表せる形に落とし込むことで簡潔に理解する

覚えるのに難しさを感じているものを、簡潔にイメージして認識するために役立つ

選書力を磨く

――自分に必要な教材を的確に選べる力

勉強の効果や生産性は、教材選びで9割決まります。
使う教材の選び方を間違ってしまうと、勉強に時間や労力をいくら費やしても成果につながりません。

試験での得点力を高めるために必要な教材は、
①目指す試験の過去問、あるいはそれに準じる内容の問題集
②その問題を解くにあたり、今の自分に足りない知識・スキルを身につけるための本
だけです。これに当てはまるもの以外の教材にやみくもに手を出すべきではありません。

試験では知識だけがいくらあってもダメで、実際に問題が出題された際に迅速確実に解ける態勢になっていなければいけません。知識をインプットするだけでなく、日々問題を解くことで実戦に体を慣らしておく必要があるのです。

そして、実際に試験で出される問題を解けるようにするためには、過去問を解く訓練が絶対に必要であると同時に、過去問を解くことが最も効率的な対策です。

出題の傾向や問題の形式などのパターンを体に覚え込ませることで、いざ本番に臨んだ際に的確な対応をとることができます。スポーツにおける基本動作の練習と同じです。

また、「①目指す試験の過去問、あるいはそれに準じる内容の問題集」に「それに準じる内容の問題集」とあえて付記したのは、目指す試験と同じようなレベル感・出題形式の問題をできるだけ多く解くことが有効だからです（ただし、過去問と同じ問題のみが繰り返し出題されるタイプの試験の場合は過去問のみに絞るべきです）。

大学入試であれば、目指す大学の過去問（赤本）だけでなく、目指す大学と出題のタイプやレベル感が似ている他大学の赤本などの問題集も、できるだけ多く解きましょう。

逆に、出題のタイプやレベル感がまったく異なる大学の赤本をやることにはあまり意味がありません。「やらなくてもいいことをやってしまう」ことにつながり、勉強の効率が悪くなるだけです。

問題集の問題と解説を読んで自分の頭だけで理解できるのであれば、日々の勉強ではとにかく問題を解くことに注力するのが一番です。

しかし、「解説を読んでもわからない」という場合には、追加の教材が必要です。それが「②その問題を解くにあたり、今の自分に足りない知識・スキルを身につけるための本」です。解説の内容を理解するためには、前もって教科書や用語集などで、理解の前提となる基本知識をおさえることが必須となる場合があります。それを身につける教材です。

また、そもそも基本知識以前に、読解、語彙、論理的思考などのスキルが圧倒的に足りておらず、まずはそこを強化しないと先に進めない、もしくは勉強効率が著しく落ちるという場合があります。これを強化するための教材も「②その問題を解くにあたり、今の自分に足りない知識・スキルを身につけるための本」に入ります。

重要なのは、とにかく「①目指す試験の過去問、あるいはそれに準じる内容の問題集」の勉強をいかに多くこなせるかです。足りない知識やスキルがある場合に、いかにそれを迅速かつ効果的に補強できる教材を選べるかの「選書力」が、得点力の肝になります。

「②その問題を解くにあたり、今の自分に足りない知識・スキルを身につけるための本」の教材の選択では、「とにかく『足りないところを強化する』という目的が達成できればいい」「教科書や学参（小中高校生向けの学習参考書）カテゴリの本にこだわらない」という観点から選びましょう。

教材を一冊に絞る必要はないですし、買った本は隅々まで読まずとも必要なところだけ使えばいいのです。たとえば複数の教材を、「教材Aはある単元の知識補強のためだけに使い、教材Bは重要ポイントの用語集としてだけ使う」というように「いいとこどり」的な使い方をすることも可能です。

また、自分が求める知識やスキルが身につく内容でさえあれば、教科書や学参カテゴリの本に限定せず、ビジネス書や文庫本などにも思い切って選択肢を広げてみるべきです。

最近はさまざまなジャンルで「マンガで学べる○○」といった本が出されていて、普通の教科書などより、よほど効果的に知識が身につく本もたくさんあります。使えそうなものは何でもどんどん使っていきましょう。

▶選書力の磨き方

1

過去問を使う

知識をインプットするだけでなく、日々問題を解くことで実戦に体を慣らしておく

2

教材で知識をおぎなう

過去問の解説を読んでもわからない場合、教科書や用語集などで、理解の前提となる基本知識をおさえる

3

過去問・問題集を繰り返す

過去問・問題集を解く勉強をできるだけ多くこなす

教材選びをうまくできれば、勉強の効果や生産性を上げ、時間や労力をかけず成果につながる

図化力を磨く

——物事を図に変換して理解できる力

暗記事項を覚えようとする際、単なる文字情報として覚えるのではなく、できるだけイメージや図に変換して記憶するクセをつけましょう。ビジュアルイメージがあると記憶に残りやすくなります。

教科書を読んで、本文の内容はあまり印象に残っていなくても、ところどころに出てくる写真や図表については、「このあたりにこんな感じの写真が載っていたな」というようにけっこう覚えているものです。

それが何を意味する写真で、どんな意義があるものなのかまでは覚えていなくても、少なくともそういう写真があったというビジュアルイメージだけは、思った以上に記憶に残っているのです。

これを利用して、何かを覚えようとする際には、できるだけ自分の頭の中で何らかのビジュアルイメージに変換したり、実際に本の余白などにイラストを描いてみたりして、イメージとともに覚えるようにします。

子どもはポケモンの名前や恐竜・動物・車などの名前はすぐに覚えてしまいますが、これは名前とビジュアルの組み合わせで認識しているからです。

モノの名前だけを単体で覚えようとするよりも、ビジュアルと結びつけて覚えるようにしたほうが記憶に残ります。

教科書の本文に書いてあることは、文字だけなので記憶・印象に残りにくいのです。日本史や世界史の登場人物でも、肖像画つきで出てくる人は覚えられるのに、名前しか出てこない人は全然覚えられないという経験は誰しもあるのではないでしょうか。

戦国時代の宣教師として教科書に出てくるフランシスコ・ザビエルとルイス・フロイスとではザビエルのほうが圧倒的に有名ですが、これは両者の実績云々よりも、教科書に強烈なビジュアルが載っているか否かの差だと言っても過言ではないでしょう。

私は教科書に「文字でしか出てこない」人物名や用語を覚えるときは、その人物と同じ苗字の有名人や友人の顔をイメージしたり、その用語と似た響きの別のワードをイメージしたりして覚えています。たとえば、

- 「侘び茶の創始者である村田珠光という人物」を覚える際には、「ボクシング金メダリストの村田諒太選手が茶室でお茶を飲む」様子をイメージする
- 「ジメンヒドリナートというめまい改善の医薬品」を覚える際には、「めまいがひどくて地面（ジメン）に突っ伏している」様子をイメージする

などです。

こうした作業には、あるワードからそれに似た別のワードを素早く連想できる「ダジャレスキル」や、イメージをつなぐワードのストックである「語彙」が大いにものを言います。ビジュアルイメージをイラスト化までできる「お絵描きスキル」があれば、なおよしです。

暗記・記憶というのは文字情報そのものを脳に刻み込む作業ではなく、「イメージを自分の中につくる」作業です。

たとえば「愛」や「勇気」といった言葉を認識する際も、頭の中では辞書的に文章で意味を定義することによってこうした概念を認識しているわけではないですよね。「こんな感じのもの・こと」という、なんとなくのイメージとして認識しているはずです。

そのため、「どのようにイメージ化して覚えるか」を明確に意識することは、記憶の定着にとても効果的なのです。

特に、日本史や世界史は、マンガや映画などのビジュアルで勉強するに限ります。ストーリーを追うような勉強は、文字だけだとイメージしにくいからです。

小説と映画の違いを考えるとわかりますが、小説よりも映画のほうが、鑑賞し終わったあとにもかなり細かい点まで印象に残り続けているはずです。

私も小学生のときに読んだ歴史マンガのイメージがいまだに記憶に強固に残っていて、歴史上の人物名や出来事の名称を聞くと、そのマンガの場面が真っ先に頭に浮かぶくらいです。

今勉強している内容がマンガ化された書籍やウェブサイトなどがもしあれば、ぜひ副読本として一読してみるといいでしょう。

▶図化力の磨き方

1

文字情報を見る

文字だけなので記憶・印象に残りにくい

例 村田珠光

2

ビジュアルと結びつける

肖像画つきで出てくる人は覚えやすい

例 村田珠光肖像画

3

別のワードで連想する

文字のみの情報を覚えるときは、その人物と同じ苗字の人の顔、その用語に似た響きの別のワードをイメージする

例 ボクシング金メダリストの村田諒太選手が茶室でお茶を飲むイメージ

単なる文字情報として覚えるのではなく、できるだけイメージや図に変換して記憶する

要領力を磨く

――手を抜くべきところは抜いて、注力すべきところに回す力

東大には、いろいろなすごい人がいます。
私の友人や実際に会ったことがある人だけでも、
・理科三類（医学部）で、在学中に司法試験に受かってしまう人
・在学中に履修した科目のすべての成績が「優」の人
・在学中に理論上取得可能な最大数近くまで単位をとった人
・法学部を首席で卒業し、その後30代半ばで大学教授になった人
がいましたし、学業に関すること以外のところですごい実績をもっている人もゴロゴロいます。

しかし一方で驚いたのは、先に挙げたような「一生かかっても絶対勝てない」と思える超優秀な人もいれば、失礼ながら「この人、本当に東大に受かったの⁉」「どうしてこれで留年しないんだ⁉」と、逆の意味ですごいなと思う人もかなりいることでした。

東大入試で肝となる科目のひとつであるはずの英語がまったくできなかったり、理系なのに必修科目の数学や物理が赤点ギリギリだったり。

普段は遊んでいるようにしか見えず、「実は裏ではガリ勉」「実は天才」というわけでもまったくないのに、うまく立ち回って単位だけは確実に取得していて、留年は絶対にしない。へたをすると総合的な成績は私よりも上。

そういう人が相当数存在します。これが、私にとって「東大に入って驚いたこと」のひとつでした。

こういう人たちはとにかく、「手の抜き方」が抜群にうまいです。

最低限出さなければならないアウトプットの必要最小限の水準は維持しつつ、いかに手を抜けるところで抜くかの嗅覚が本当にすごい。

手を抜くことによってできた余力や時間は、もっと別の「やる価値がある」と思えることに回しているのです。

「成果÷労力」の生産性だけについていえば、前述の「超優秀な人」にも引けをとらないのではと思えるほどです。


得点力を高めるためにはこういう考え方は絶対に必要で、「手を抜いてもいいところは適度に手を抜いて、真に注力すべきところにエネルギーを注ぐ」というスタンスで臨むことが肝要です。

何でも完璧にやろうとする人は、むしろ得点力は低いのです。

何でも完璧にできる人が勝つのではなく、「すべてを完璧にこなすことはできない」ことを理解したうえで、うまく立ち回れる人が勝つのです。


そもそも勉強というのは、適度に手を抜くところをつくるからこそ長期間継続できるという面もあります。仕事や家事についても同じことがいえます。

「すべてを完璧にこなそう」「常に全力で取り組もう」と考えてしまうと、途中で壁に突き当たるとスランプになったり、勉強が嫌になったりします。

日々当たり前にやっていることを、当たり前と思わない。

「この作業、本当に必要かな?」と常に考えることによって、優先順位の低いタスクや、時間対効果・労力対効果の小さいタスクを削れるところから削っていく。

そうすることで勉強の生産性が上がり、物理的にも精神的にも身軽になれます。

日本という国はなぜか、楽して結果を出そうとする人は叩かれる傾向があるのですが、国際的な労働統計で「労働生産性」が先進7か国の中で最下位という結果が出ているのは、そういうところに原因があるのではと感じます。

本当にやるべきことだけに時間や労力といった資源を集中的に配分するという考え方をもてば、自然と生産性は高まっていきます。

▶要領力の磨き方

1

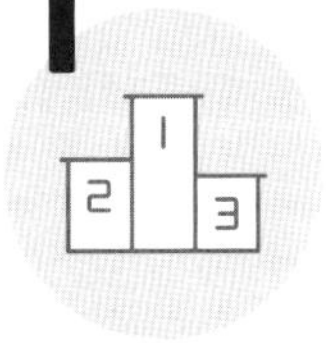

目標を決める

最低限出さなければならないアウトプットの必要最小限の水準を決める

2

時間当たりの効率を考える

やることの選択肢ごとにかかる時間・労力と、それによって得られるリターンを吟味する

3

やる価値の高いところをやる

手を抜いてもいいところは適度に手を抜いて、真に注力すべきところにエネルギーを注ぐ

本当にやるべきことだけに時間や労力といった資源を集中的に配分すれば、生産性は自然に高まる

慎重力を磨く

──自分を過信せず、謙虚な姿勢で取り組む力

テストで失点してしまう大きな原因は「侮り」です。

ケアレスミスにつながる不注意・油断は、端的に言うと侮りから生まれるものです。「この問題はよくあるあれだろう」「自分はミスなんてしないだろう」「見直しはしなくてもいいだろう」という気持ちが失点の元なのです。

これはテスト本番に限った話ではなく、日々の勉強でも同じです。

時には「この分野は思い切って捨てる」などの大胆な決断も重要ですが、その決断が侮りによるものであってはいけません。慎重に判断したうえで要所要所で重要な決断を下せ

る人こそが、結果を出せる人です。

「大胆さ」と「慎重さ」のバランスが大事です。冷静かつ謙虚な態度で物事に取り組むことを常に意識しましょう。

東大生あるあるのひとつに、初対面の人から「どこの大学出身ですか?」と聞かれたときに「一応東大です」となぜか決まって「一応」をつけてしまう、というものがあります。その心理としては「偉そうに『東大です』と言って嫉妬されたり嫌味にとられたりするのが嫌なので、予防的にとりあえず謙遜しておく」とか「東大に入ると自分よりすごい人はいくらでもいるので、『自分は一応東大生ですけど全然大したことはないですよ!』と本心から思っている」など、いろいろなものが考えられます。

しかし、そもそも実際に東大生には謙虚な性格の人が多いのです。

マンガやアニメなどでは、東大生などのインテリキャラは「鼻につくほど自信過剰」「横柄で口が悪い」「いちいち嫌味ったらしい」「知識をひけらかす」といったキャラ設定がされていることが多々ありますが、実在の東大生にそんな人はまずいません。

むしろそういう自信たっぷりの人は、自分を過信してミスで失点するタイプです。

自分を過信しない謙虚で慎重な人こそが着実に得点力をキープでき、東大に受かるほどの結果を出せるのです。

自分に自信をもつことや、自信をもって行動することはもちろん重要なのですが、少なくともいえるのは、「自分は大丈夫、ミスしない」という考え方は百害あって一利なしだということです。

「たぶんどこかでミスをしてしまうだろう」と、ミスを犯してしまう可能性を少し高めに見積もっておくくらいがちょうどいいでしょう。

また、勉強に限った話ではありませんが、自分が間違えたことやミスしたことは、素直に認めるクセをつけましょう。言い訳や保身に走ったところで、いいことは何もありません。失敗を認め、反省することによってこそ人は成長します。

▶慎重力の磨き方

1

ミスする前提で考える

冷静かつ謙虚な態度で物事に取り組むことを常に意識する

2

チェック魔になる

ミスを犯してしまう可能性を少し高めに見積もり、答案を細かいところまでチェックするクセをつける

3

素直に反省する

自分が間違えたことやミスしたことは素直に認め、自分の失敗のパターンとして蓄積していく

慎重に判断したうえで、ケアレスミスにつながる不注意・油断が生まれないようにする

先見力を磨く

――物事のやり方・解決法を何通りも考えられる力

頭のいい人は、難しそうな問題に直面したときに、やり方・解決法を何通りも考える能力に長けています。

まずはいくつかの「最終解決に至れそうなルート」をざっと出してみて、それぞれを簡単にシミュレーションします。

「この方法ならいけそうだ」「この方法が一番簡単にやれそうだ」というやり方を選び出せたら、そこからあらためてそのやり方の詳細を検討し、最終的な仕上げを行います。

これは、応用問題などの複雑な試験問題を解く際にはもちろんのこと、仕事や生活上で発生する何らかの問題を解決する際も同じです。

逆に言うと、とりあえず真っ先に思いついたアイデアだけをいきなり掘り下げていくような、行き当たりばったりのことはしないのです。
また、常に最善の打ち手だけをビシッとひとつだけ出しているというわけでも、実はないのです。

藤井聡太プロの活躍で近年注目されている「将棋」もまさに、「何通りもの打ち手が考えられるうちの、どれを選ぶのが最善なのか?」をいかに素早くシミュレーションできるかという競技です。
将棋・チェス・麻雀のような知的頭脳スポーツが子どもの教育上も有効といわれているのは、このような「やり方を何通りも考えて吟味する」スキルや習慣が身につくことにひとつの理由があると私は考えます。

この「先見力」を構成するフローをあらためてまとめると、
①課題解決の方法をいくつも考えられる
②それぞれについて簡単なシミュレーションを素早くできる

③その結果にもとづいて迅速・的確な意思決定および行動ができるということです。

ここで重要なのは、何事も「方法はひとつしかない」とは考えないこと、そして、ちょっと質が低いかな?と思えるアイデアもとにかくどんどん出してみることです。

これを習慣化することで「先見力」が磨かれていきます。

また、「方法を何通りも考える」ことは、問題を解くときに限らず、何かを覚えるときにも有効です。

語呂合わせを何通りもつくるなど、暗記事項の「覚え方」を何通りも考えることで、より確実に記憶に残すことができます。

「覚え方」も「解き方」と同じく、方法をひとつに絞る必要はまったくありません。「確実に覚えたいこと」「覚えたつもりがいつもこんがらがってしまうこと」があるなら、覚え方を何通りも考えて、二重・三重に保険をかけておくことで、忘れにくく思い出しやすい記憶体系を整えることができます。

▶先見力の磨き方

1

ゴールへのルートを描く

課題解決の方法を出せるだけ出してみる

2

素早くシミュレーションする

それぞれのルートについて、簡単なシミュレーションを素早く実行する

3

ベストを選んで実行する

最も簡単で、確実にゴールに到達できそうなルートを見極め、迅速に意思決定し行動に移す

応用問題や複雑な試験問題に直面したとき、やり方・解決法を何通りも考えられる

第2章

「得点マスター」になる戦略がある

必要のないことを決める戦略が大事

試験で結果を出すための戦略として重要なことは、「何をやるか」ではなく「何をやらないか」を決めることです。

何でもかんでもやろうとすると、いろいろなことに中途半端に手を出すことになってしまい、結果的に何も身につかないということになります。何でもやろうとするとエネルギーが分散してしまうのです。いわゆる「選択と集中」が大事です。

また、いろいろなことをやろうとして、「結局できない」「うまくいかない」とわかると、挫折にもつながります。そうなるくらいなら最初から、やることを絞るほうがいいのです。

そもそも「戦略」という言葉自体、「戦いを略す」と書きます。

もてる力や資源を最大限に使って結果を出そうとするのではなく、労力や犠牲を最小限に抑えて結果を出すためにはどうすべきか、という概念です。

つまり、「戦略」とはその言葉通り「やらないことを決める」ことにほかならないのです。

私が高校3年生のときに「やらないと決めたこと」のひとつは、学校の定期テスト（中間テストや期末テスト）の対策です。

学校の中間テストや期末テストは、試験範囲が教科書の一定範囲内のみと決まっている試験です。大学入試における本当の勝負であるセンター試験や二次試験と比べると範囲がきわめて限られており、そこの勉強に注力したところで、大学入試での得点力の向上にはほとんどつながらないと思ったからです。

「定期テストでは最低限、単位を落とさないだけの点をとればいい」と開き直って、ほぼ対策はせず、定期テストの期間中でもセンター試験や東大二次試験に向けた勉強ばかりしていました。

そのため、当時は全国模試や東大模試などの全国一斉テストでは県内トップをとれるくらいの成績だったにもかかわらず、学校の定期テストの順位は散々でした。しかし、それくらい入試本番に向けた勉強に注力していたのが、結果的にはよかったのです。

では、「やらないこと」というのは、どのように決めればいいのでしょうか。

結論から言うと、「そこに時間や労力をかけても、目指す試験における得点力の向上がほとんど見込めないところ」という観点で見極めます。

具体的には、次のようなポイントが挙げられます。

- すでにじゅうぶんできている、わかっているところはそれ以上やらない
- 目指す試験で配点がきわめて低い科目や分野はやらない
- 細かい暗記事項が大量にあるわりには、出題される可能性が低いところはやらない

ただし、単に「自分の苦手な分野だからやらない」という手はとるべきではありません。むしろ、苦手な分野、現状いまひとつ得点できていない分野だからこそ、大きなのびしろがあるのです。

苦手な科目が好きになる方法

勉強において、苦手な科目や分野というのはどうしても対策を後回しにしたり、勉強自体を敬遠したりしがちです。しかし、得点力を効率的に底上げするためには、苦手なことこそ、積極的に取り組むべきです。

人生の一般論としては、自分の得意な分野や、強みとなるポイントを伸ばしていくほうがいいでしょう。自分の得意なことを磨いて仕事にしたり、他者にはない強みを活かして周りと差別化したりすべきです。

けれども、試験勉強はちょっと違います。なぜかというと、伸ばせる幅に「満点」という上限があるからです。

100点満点中80点はとれるような得意科目をさらに伸ばそうとしたところで、最高でも上限の100点までしか伸ばすことはできません。すでに80点とれている科目を100点にもっていくことは想像以上に難しいですし、仮にできたとしても最大20点しか上乗せできません。

しかし、現状苦手としていて40点しかとれていない科目を伸ばすことができれば、最大60点も上乗せできます。5教科の総得点を伸ばすなら、こちらのほうがいいに決まっています。

私が東大に合格できたのも、国語を伸ばしたことが大きな勝因でした。

東大は理系でも二次試験に国語があります。普通は理系学生だと数学や理科の勉強に注力する人が多いのですが、数学や理科で90点前後をコンスタントにとれるようになってくると、5教科の総得点に頭打ち感が出てきます。

そこである日決心して、苦手だった国語に注力して勉強することにしてみました。すると、想像以上に伸びたのです。

東大模試でも、数学や物理の科目はそこまで上位ではないのに、国語だけは常に成績優秀者一覧に名前が載るようになりました。他の学生とは逆の戦略をとることで総得点を伸ばし、有利な位置に立てたのです。

苦手というのは多くの場合、単なる思い込み・食わず嫌いです。もしくは、得点力アップのコツを知らないだけです。「わからない用語の意味をあらためて調べてみる」レベルの基本的な勉強から思い切ってやり直してみると、意外とすんなり点数を伸ばせることもあります。

苦手科目を克服して5教科で満遍なく得点できれば、大学入試センター試験（2021年以降は大学入学共通テストに移行）の総得点が上がり、国立大学も狙いやすくなります。苦手科目は「のびしろ」であると前向きにとらえましょう。「得意科目より苦手科目を伸ばすほうがむしろ戦略的に有利だ」と認識を改めることで、苦手科目を避けがちだった意識も変わってきます。

そして、苦手科目で点がとれるようになると、苦手意識もあっさりなくなります。「過去の自分はどうしてあんなに避けていたんだろう」と思えるようになるはずです。

ただ、「自分は目指す大学・学部の試験科目が英語と国語しかないから、数学とかは本当に要らないのだけれど」という人もいるかもしれません。そういうケースも確かにあるでしょう。

そういう人でも、ひとつの科目の中に、得意なところと苦手なところというのが必ずあるはずです。たとえば英語なら、文法は得意だけれどリスニングや作文は苦手というようなことはないでしょうか。

ある科目の中での「苦手」と「得意」を洗い出し、「苦手」に注力して総得点を伸ばすことはじゅうぶん可能です。

得点の勘どころは試験の性質で変わる

東大入試に受かる人が、早稲田大学や慶應義塾大学の入試でも高得点をとれるとは限りません。大学ごとに出題傾向に違いがあるからです。

たとえば、早稲田大学や慶應義塾大学などの難関私大では、「世界史」の科目は択一問題がメインですが、かなり細かい知識が問われる傾向があります。普通に教科書を読んでいるだけでは覚えきれないような、きわめて細かい人名や用語が多数出題され、学部によっても傾向に違いがあります。

一方、東京大学や一橋大学では、論述問題がメインとなっており、基本的な知識をベースとして発展的な思考や論理展開ができるスキルが問われます。単純な知識だけを問うような問題はあまり出ないので、マニアックな人名や用語をひたすら覚えるような勉強は必要ありません。

単に「まったく同じ性質の試験で、問題のレベル感だけが違う」というわけではないのです。

人のタイプごとに最適なコミュニケーション方法が違うのと同じで、勉強も試験のタイプごとにやり方を変えていく必要があります。

試験の性質に合わせて、「相手が求める答えを返せる」ようにしっかり準備しておかなければならないのです。

そして、問題の出題形式によっても、「どんなスキルがあれば効率的に解けるか」「この問題を解くためにはどう勉強・対策すべきか」というポイントが大きく変わってきます。

たとえば、同じ「衆議院と参議院の違い」をテーマとした問題でも、出題の形式によって、問題の解き方や試験対策の勘どころは次のように変わってきます。

【正誤判定問題の場合】

問：次の文章のうち、内容が誤っているものをひとつ選んでください。
①内閣不信任案の決議は、衆議院にのみ認められている。
②参議院議員の任期は6年であり、3年ごとに議員の半数が改選される。
③議員の被選挙権の年齢要件は、衆議院は満30歳以上、参議院は満25歳以上である。

この形式では、文章を速く正確に読解するスキルや、文章中の誤っていそうな箇所の見当をつけるスキルが重要です。「正しい文章をどうひねって誤りにしているか」のパターンの蓄積によって、吟味すべきポイントを素早く絞れます。この問の正解は③で、正しくは「衆議院は満25歳以上、参議院は満30歳以上」であるところを逆にしているというパターンです。

【穴埋め問題の場合】
問：次の文章の空白部分に適切な語句を埋めて、文章を完成させてください。
- 参議院の定数は（　　）名である。
- 衆議院には（　　）先議権がある。
- 衆議院が解散したときは、解散の日から（　　）日以内に衆議院議員総選挙を行う。

この形式では、用語や数字などを正確に覚え、かつ正確に書けるように準備しておかなければいけません。紛らわしい別の用語や、似たような別の概念と混同しないよう、対比して覚えるなどの工夫も必要になってきます。なお、この問の正解は「248」「予算」「40」です。

【論述問題の場合】

問：衆議院と参議院の共通点と違いについて、200字以内で述べてください。

この形式では、そのテーマについて語るための基本知識や、文章を書くための日本語・漢字の知識がまず必要です。そして、論理的で読みやすい文章を組み立てるスキルや、規定の字数内で的確にまとめる要約力も必須であるため、文章を書く練習によって磨いていきます。

このように、ただ漠然と「学力を伸ばす」のではなく、必要になる知識やスキルをピンポイントで身につける勉強をすべきなのです。

したがって、「目指す試験ではどのような出題傾向があるのか」「どのような形式の問題が出るのか」を見極めるための「過去問分析」が、効率的な勉強の実践には絶対に必要です。

まずは最低でも直近5回分の過去問を入手し、最初は解けなくてもまったく問題ないので、ざっとレビューします。レビューを進めるなかで、その試験での得点力向上にはつながりそうにないところを見極めて、「やらないこと」を決めます。

やることを絞らず、ただやみくもに勉強しようとしても、非効率なだけでなく、モチベーションも続きません。やるべきことが絞られて明確になることで、勉強する意欲もわいてくるのです。

東大に行けるのは、偏差値75の人ではない

さまざまな予備校や教育機関などが、大学の「偏差値ランキング」を出しています。

そのトップどころに名を連ねる東大や京大の偏差値は、だいたい「75」前後の数値が出ています。

しかし、普通のテストや全国模試で偏差値75がとれれば東大に行けるのかというと、そういうわけでもありません。

なぜなら、普通のテストや全国模試の問題と、東大の入試問題とでは、出題の傾向がまったく違うからです。

普通のテストで高得点がとれる人（偏差値75がとれる人）が、必ずしも東大の入試問題

を解くための得点力があるとは限りません。東大の入試問題が解けなければ、当然ながら東大には合格できません。

この事実を逆に考えると、普通のテストや全国模試では偏差値50〜60程度しかとれない人でも、東大の入試問題に対応できる得点力さえ身につけていれば、東大に合格することはじゅうぶん可能だということです。

全国模試で偏差値50の人が東大を目指すなら、やるべきことは、偏差値を75に伸ばすことではなく、東大の入試問題を解けるようにすることです。

そのため、高校や塾によっては、東大進学コースの学生には、「東大の入試問題さえ解ければいい」くらいに割り切ったカリキュラムを組んでいるところもあります。

これは東大に限らず、他の大学の入試や、資格試験についてもまったく同じことがいえます。

ただ漠然と学力や偏差値を上げるだけではあまり意味はなく、目指す試験で出題される問題を解くための知識やスキルを身につけることがすべてなのです。

そこを念頭に置いたうえで、日々の勉強の中で注力すべきことは何で、やらなくてもいいことは何なのか、を考えていかなければならないのです。

「高得点をとる」と「合格点をとる」は違う

本書には「得点力」という言葉が何度も出てきますが、「得点力」とは、必ずしも「満点」や「高得点」をとることとイコールではありません。

試験には、「できるだけ高得点を目指すべきもの」と、「合格点さえとればよしとすべきもの」があります。

そして、「高得点をとること」と「合格点をとること」は違います。

そこは頭を切り替えて、別物として認識しておかなければなりません。

2018年のFIFAワールドカップロシア大会において、日本代表の予選の最終試合、ポーランド戦での「ラスト10分の時間稼ぎ」が大きな話題を呼びました。

日本代表は試合には0－1で敗れましたが、フェアプレーポイントなどのギリギリの条件で、みごと決勝トーナメント進出を決めました。

ポーランド戦の勝利自体にはまったくこだわることなく、「決勝トーナメントに駒を進める」ことを最優先事項と定めた結果、「このまま0－1の状態をキープして終わらせる」という戦略をあえてとったのです。

もし果敢に攻める戦略をとった場合、得点のチャンスが増えると同時に、点差を広げられて決勝トーナメント進出の可能性が断たれるリスクも大きくなりますが、逆に0－1の状態をキープできれば、決勝トーナメント進出がほぼ決まるという状況だったからです。

もしあの試合で「高得点をとる」ことを目指して果敢に攻めるプレーをしていたとしたら、「合格点をとる」（決勝トーナメントに進出する）ことは達成できていなかったかもしれません。

どちらがいいとか悪いとかいう話ではありませんが、少なくとも「高得点をとるための戦略」と「合格点をとるための戦略」は違うことが、この例からもわかります。

小中学校までのテストでは、高得点、満点を目指すことが普通だったかもしれません。そもそも小中学校のテストでは、合格点、合格ラインというもの自体が基本的にありません。

しかし、大学入試や資格試験は、小中学校までのテストとは違って、「そもそも満点近い点数をとることはほぼ不可能だという前提で、いかに適切な取捨選択を行って合格点を確実にとるか」という世界の話になります。

高得点を目指すための勉強が逆に、合格点をとることの足かせになってしまうケースもあるのです。

高得点を目指すための勉強は、ある程度「広くかつ深い」ものにならざるをえません。しかし、これは本章冒頭でも述べたように、「何でもかんでもやろうとして、結局、中途半端になる」ことにつながります。

大学入試や資格試験のような、「得点」そのものではなく「合否」のみが問題となる試験の場合は、高得点ではなく合格点を確実にとるための勉強を志向すべきです。

「トップの成績で合格したという実績をどうしてもつくりたい」などという場合であれば

話は別ですが、とにかく合格点にさえ達していれば、合格点ギリギリであろうが満点近い高得点であろうが、そこに差はないのです。

合格点を目指す勉強とは、合格点に達することさえできれば、捨てるところをある程度つくってもいいというものです。

というより、いかに捨てるべきところを思い切って捨てて、本当に注力すべきところに全力を注ぐかが、勉強の成果や効率性を大きく左右します。

効率的に勉強できる人は、このあたりの見極めや取捨選択が抜群にうまいので、最小限の時間と労力で試験合格という結果を出せているわけです。

第3章

勉強を始める前に意識すること

地頭より、経験がものを言う

以前、脳を鍛えることを目的とした「脳トレ」が流行りましたが、クイズや謎解きをテーマとしたテレビ番組は相変わらず人気です。現役東大生が登場する番組も多いですね。なぞなぞやクイズに強い人は、地頭がよくて何でも自分で考え出せる人というよりも、数多くの問題パターンにふれたことがある人です。

たとえば、「1から10までの数を全部足すと何になる?」という問題に対して、1から順番に足していって計算しようとすると大変ですが、「(1+10)+(2+9)+(3+8)+(4+7)+(5+6)=11+11+11+11+11=55」という解き方がわかっていれば簡単に答えを出すことができます。

過去に同じような問題を解いたことがあり、「和が同じになる組み合わせをつくってからそれらを全部足す」という解き方パターンを知っていれば、解き方を自分で考え出すスキルがなくてもすぐに解答できるのです。

私は子どもの頃からクイズやなぞなぞ、パズル、暗号といった類の本を読むのが好きでした。いろいろな種類のクイズ本を読んでいると、「あ、これと似たようなクイズ問題は、違う本でも見た」ということが増えてきます。

さまざまな問題や考え方にふれることで、別の問題の解決方法も迅速に見出すスキルが磨かれます。そのつど自分の頭で考えてみることよりも、数多くのパターンにふれること自体が重要なのです。

「パターン」を多く知っていれば、考える力や問題解決スキルもおのずと洗練されていきます。

勉強やテストも、これとまったく同じです。

頭のいい人は、その場で問題の解き方を自分でゼロから編み出して解いているわけではありません。多くの場合、今解いている問題と過去に解いてきた問題とを照らし合わせて、「あの問題の解法パターンが使えそうだ」とやっているだけなのです。

つまり、新しいアイデアをゼロから自分で考えるスキルは得点力にそこまで影響するわけではなく、できる限り多くのパターンにふれて、それらを臨機応変に活用できることが重要なのです。

完璧を目指すより まず終わらせる

Facebook社の壁に貼られた紙に書かれている言葉に、

“Done is better than perfect”

というものがあります。

「完璧を目指すよりまず終わらせる」という意味ですが、これは仕事だけでなく勉強にも大いに通じるところがあります。

勉強していてよくわからないところがあるとき、そこで考え込んでしまって、手が止まってしまうことはありませんか？

そんなときは、自分の中で完璧に納得（消化）できるまで考えることはやめて、いったん飛ばしてしまい、まずはとにかく最後まで終わらせましょう。

勉強では、「スピード」は絶対に意識すべきことです。そして、勉強のスピードが速い人と遅い人の差は、「わからないところで必要以上に止まってしまう」回数が多いか少ないかです。車で目的地まで早く行くためには、車体の性能よりも「いかに信号や渋滞で止まらないルートを選ぶか」のほうが重要なのと同じです。

また、「わからないところでしょっちゅう止まってしまう」ことは、勉強が嫌いになる大きな原因です。

それで勉強が嫌になってしまうくらいなら、完璧に理解できていないところが多少あったとしても、一通り終わらせたという達成感をひとつでも多く積み重ねていきましょう。そうすることで、勉強に対してポジティブな気持ちを長く保てます。

「よくわからないところで止まってしまう」のは、率直に言って無意味なことです。その理由は大きくふたつあります。

まずひとつは、「よくわからないところ」＝「最終的に必ずクリアにしなければいけないところ」というわけでは必ずしもないからです。

じっくり考えたらなんとか理解できたけれど、「合格点をとるにあたってそこまで重要（必須）といえるポイントでもなかった」「踏み込んで取り組む必要性もなかった」ということは意外とあるものです。

ふたつめの理由は、初読ではよくわからなくても、全体をざっくり勉強してからあらためて読んでみると、すんなり理解できることがしばしばあるからです。

なぜそれで理解できるのかというと、

- ひっかかった箇所より後に出てくる内容をふまえてもう一度読むと理解できる
- 全体的な視点をふまえて考えてみると理解できる
- いったん距離を置いて頭をクリアにしてから読み返すと、意外と簡単に理解できる

ということがあるためです。

いずれにしても、一回読んだだけで内容を全部完璧に理解できると考えてはいけません。

そのつもりでやろうとするから、勉強に挫折してしまう人がいるのです。

「完璧を目指さない」ことは意外と重要なポイントです。

用語の定義を理解し、勉強の土台をつくる

国語や英語で出てくる一見難しそうな文法用語など、普段の生活では耳慣れないワードが出てくると、それだけで拒絶反応を示す人がいます。しかしこのような基本的な用語こそ、早い段階でしっかり理解すべきです。基本があいまいなまま勉強を進めても、効率は上がらないでしょう。

逆に、用語の意味さえ一度理解してしまえば、「難しそうに見えたけど、なんだそんなことか」で済んでしまうことも多いのです。食わず嫌いにならず、基本的な事項こそ重点的におさえておきましょう。

教科書の本文や問題集の解説文などは、学習者がこうした基本的な事項をわかっていることを前提として書かれています。そのため、基本がおろそかだと、書いてあることの意味がわかりません。「問題集の解答・解説を読んでもさっぱり理解できない」ことがあるのはこのためです。

逆に、塾や先生に頼らずとも独学で勉強できる人は、問題集の解説文を読んですんなり理解でき、自己解決できる人です。

問題を解くのに必要となる基本的な知識や解き方はすべて解説文に書いてあるので、解説がしっかりした問題集さえあれば、誰でも自分の力だけで勉強できるはずです。それなのに独学で勉強できないというのは、解説文を理解するのに必要な基本的な用語や前提知識の習得がおろそかになっているからにほかなりません。

また、問題集などに出てくる文章の「主語」や「目的語」に対するベースの知識がないと、暗記や理解に必要以上に時間がかかってしまいます。

たとえば「織田信長はこんな政策を実施した」という内容を勉強するとして、織田信長という人物をあらかじめ知っていれば、「へぇ、織田信長はそんなことをしたんだ」とすんなり頭に入ります。

一方、主語や目的語に対するベースの知識がまったくない場合はどうでしょうか。「昭和○年、○○内閣のとき、○○法が制定された」という内容を覚える際に「その人誰？」「それって何？」というところから始めないといけないようでは、暗記に二段階の手間がかかってしまい、スムーズに頭に入っていきません。

人名など固有名詞は、ある程度「初めて見る」ものが出てくるのは仕方がありません。しかし一般名詞などは、あらかじめその言葉を知っているのといないのとでは、勉強のスピードに大きな差がついてきます。

そういう意味でも、後ほど紹介する国語スキルを磨いていろいろな語彙を知っておくことや、さまざまな分野の雑学的な知識に普段からふれておくことは、勉強の効率に大きく影響するのです。


知らない言葉を知らないままなんとなく処理しようとせず、すぐに調べる。これを意識するだけで、長期的に見た勉強の効率は大きく上がります。

今はスマートフォンがありますから、わからないことは何でもすぐに調べられます。重要そうだが意味のわからない言葉が出てきたら、すかさずスマートフォンでネット検索するクセをつけましょう。

ちなみに私は、スマートフォンのウェブブラウザでわからない言葉を調べた履歴をすぐには消さずに、調べたときのタブをあえてしばらく残しておくようにしています。後日またブラウザを開いたときに、以前調べた内容が目に入ることで、「そういえば最近このワードについて調べたな」という記憶がよみがえり、より強固に記憶に残るのです。

「このワードを調べた覚えは確かにあるけど、これって何だったっけ?」となってしまうことも時にはありますが、そのような場合にもすぐに復習ができます。あいまいなポイントをあらためて覚え直す、いいきっかけとなるのです。


勉強が面白くない大きな要因は「わからないから」で、わからない理由は単純に「出てくる用語の意味を知らないから」です。知っている語彙や概念が増えて「わかる」ようになれば、勉強が飛躍的に面白くなります。

学び直すことが勉強の本質である

勉強法や記憶術の本に必ず出てくる重要ワードとして、「エビングハウスの忘却曲線」があります。

「人は覚えたことを1時間後には56％忘れ、1日後には74％忘れる」などと記載されている本も多いのですが、これは忘却曲線の解釈としては実は間違いです。忘却曲線の縦軸は単純な「記憶保持率」ではなく、「節約率」というまったく別の指標なのです。

節約率とは、一度勉強して忘れてしまったことを再び覚え直すのにかかった時間が、最初に覚えたときと比べて何％削減できたかという数字です。そのため、忘却曲線の解釈としては「一度覚えて忘れてしまったことを1時間後に覚え直すためには、最初に覚えるのにかかった時間の56％の時間を要する」といったほうが正確です。

エビングハウス氏がただ「時間が経ったら忘れる」ことを言いたかっただけであれば、節約率という特殊な概念をあえて持ち出すまでもなく、記憶保持率のグラフをつくればそれでよかったはずです。

ここであえて節約率という指標が使われているのは、勉強は「忘れること」「学び直すこと」を前提として取り組むべきだということをエビングハウス氏が特に強調したかったからではないでしょうか。

ある暗記事項に対して一度でもふれた経験があれば、次回以降ふれたときに習得にかかる時間が短くなる、ということが本質なのです。

（なお、忘却曲線の実験では「無意味な音節」を記憶するプロセスによって節約率が算定されています。もっと内容に意味のある暗記事項を覚える場合であれば、忘却の度合いはもっとゆるやかになると考えられます）

ここから導き出せる教訓は、

①人は忘れる生き物だから、忘れたら覚え直すことを前提として勉強する
②忘れてしまうことに対して落ち込んだり、悲観的になったりする必要はない
③「忘れて覚え直す」ことは決して無駄な作業を繰り返すことにはならず、「覚え直すのに必要な時間」は確実に短くなっていく

ということです。

これを意識できているかいないかで、勉強がうまくいかない場面での気の持ち方や行動指針が大きく変化します。

人は忘れてしまうものだと割り切ってとらえることができれば、勉強の過程で必要以上にストレスをためたり、ネガティブな気持ちに陥ってしまったりする場面は確実に減らせます。

長いスパンの勉強では、スランプや停滞はつきものです。そんな中でも勉強を継続していくためには、思い切った開き直りも必要なのです。

▶エビングハウスの忘却曲線

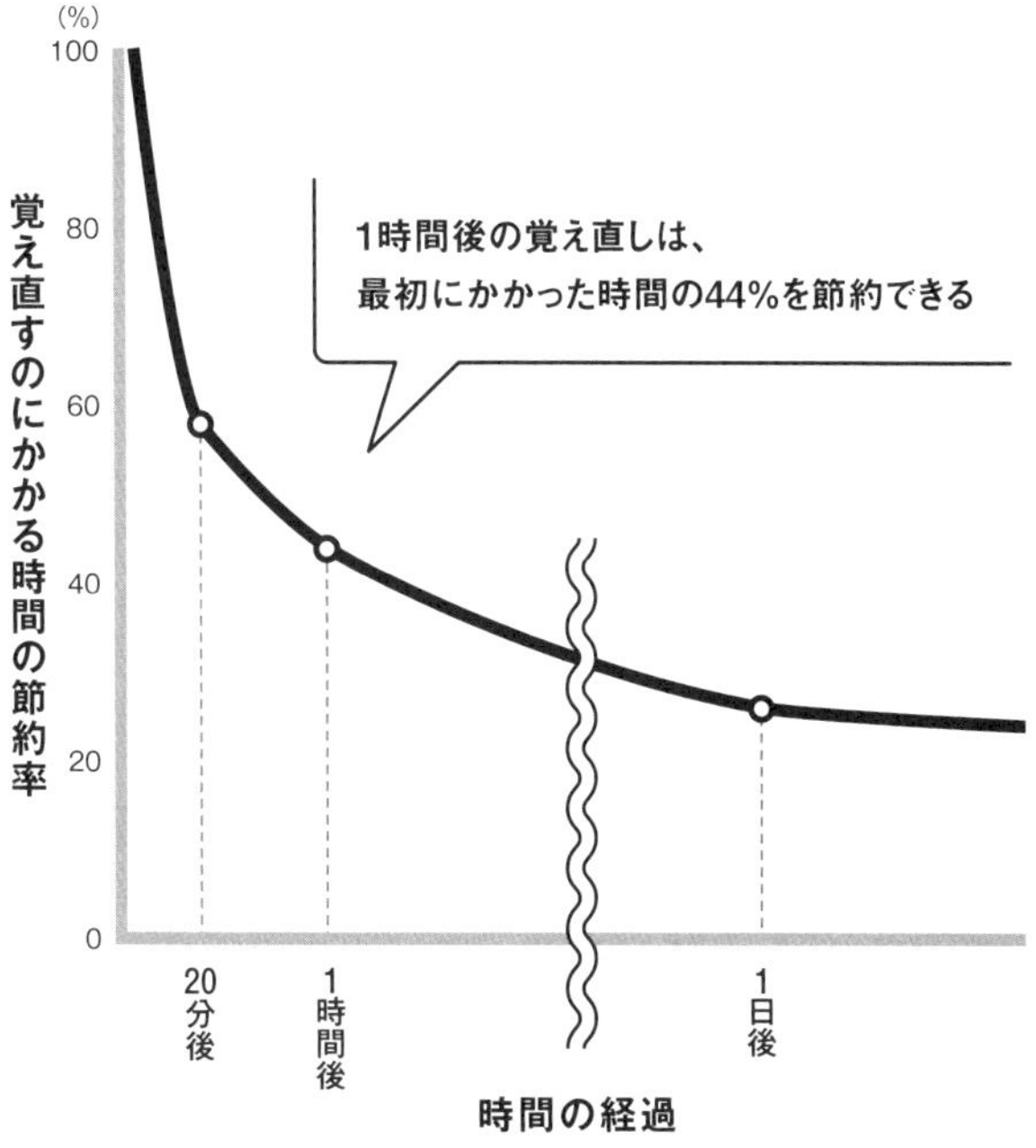

人は忘れる生き物だからこそ、勉強は「忘れること」「学び直すこと」を前提として取り組むべきである

後回しにできることを確認する

どんな分野の勉強でも、勉強する内容には「早い段階で確実におさえるべきこと」と「後回しにしても問題ないこと」があります。

これを見極めて適切にタスク配分を行うことで、勉強の生産性は大きく高まります。勉強は「何をやるか」も大事ですが、「何を『どのタイミングで』やるか」と時間軸を掛け合わせて考えることで、成果は大きく変わるのです。

「早い段階でおさえるべきこと」とは、その分野の勉強におけるきわめて基本的なベースとなる知識や概念で、これがわかっていないと深い学習や応用がまったくできないというものです。前々節で述べた「基本的な用語」もこれに該当します。

たとえば外国語の勉強では、アルファベットを覚えるのはもちろん、「文の中で主語・述語・目的語をどのように並べるか」「動詞は主語や時制によってどのように変化するか」といった基本的なルールがわかっていないと、まったく文章が読めません。

一方、「後回しにしても問題ないこと」は、さほど重要でない細かい固有名詞や数字などの暗記や、勉強する内容の主軸・本流ではない些末な知識の習得などです。

たとえば歴史の勉強では、年号や歴史人物の名前などは勉強の初期段階ではざっくりと認識しておけばＯＫです。数字や漢字を細かく正確に覚える作業は、後回しにしても問題ありません。

特に「〇〇時代の文化（芸術や文学など）」のような単元は、覚えるべき人名や作品名が多いわりに、歴史の流れの本編とは直接関連しません。むしろ積極的に後回しにすべきです。

人物名の細かい表記などは、多少間違って覚えていたとしても、勉強の大筋を狂わせるようなことにはなりません。しかし、基本的な知識や大まかな全体構造について誤った理解をしていると、勉強全体に大きな悪影響を及ぼします。

根本的な部分の理解が誤っており、正しい内容に覚え直さなければいけなくなる可能性もあります。一度間違った内容で覚えてしまった知識を正しい内容で上書きするのはなかなか大変です。

そんな二度手間に陥らないためにも、勉強の早い段階では些末な部分の勉強はいったんおいてでも、確実にものにすべき基本的な知識を正確に理解することを優先的にやりましょう。

「大量の暗記項目を正確に覚えるのが大変」というのも、勉強が嫌になる原因のひとつです。なかなか覚えられない暗記項目は、後回しにしても問題ない内容であれば、開き直って試験直前期に集中して詰め込むのもひとつの手です。

得点力は国語スキルが9割

――読解、作文、論理的思考、語彙のスキルを極める

得点力を高める極意はズバリ、「国語スキル」を伸ばすことです。

「国語スキル」をもっと具体的に言うと、読解、作文、論理的思考、語彙などのスキルです。

これらのスキルを伸ばすことで、国語の点数が上がるのはもちろん、他の科目でも相乗効果的に得点力が高まります。問題文を読むスピードが上がったり、記述問題で質の高い解答が書けたり、暗記の語呂合わせで使える語彙が増えたりと、いいことずくめです。

国語とは直接関係がなさそうな数学・物理・化学の科目でも、国語スキルの有無が得点力を大きく左右します。記述問題では「Aという前提条件があって、Bという理由でCだ

といえるので、結論としてはDとなります」という内容を筋道立てて文章で説明・表現できなければ、頭ではわかっていたとしても得点できないからです。

「そうはいっても、しょせん日本語なんだから自分は大丈夫、それなりにできているはず」と思っている人も多いでしょう。しかし、客観的な国語スキルは、自分が想像している以上に低いと認識しておいたほうがいいです。

英語の話になりますが、ＴＯＥＩＣや英語検定の問題は「これがもし英語ではなく日本語で出題されていたとしたら、確実に満点がとれるだろう」と思えるかもしれません。しかし、ネイティブ並みの帰国子女でも、満点をとれる人はごく一部です。英語ができているつもりでも、文法などの細かいところで正確にはわかっていない箇所があるものなのです。

日本語に関して、自分はそんなことはないと言い切れるでしょうか。普段の生活を送るうえでは日本語で困る機会が特になかったり、多少変な日本語を使っていてもわざわざ指摘してくれる人がいなかったりするために、自分の日本語スキルの「抜けている部分」に気が付いていないだけかもしれません。

ところで、私はとある人材ビジネス会社にも所属していて、就職活動中の大学生が書くメールやエントリーシートなどの文章を読む機会が日常的にあります。

学生の書く文章を見ていると、失礼を承知で書きますが、「まるで小学生のような幼い語彙の文章」「敬語が正しく使えていない文章」「誤字脱字だらけの文章」が決して少なくありません。

文章の書き方は学校で専門的に学ぶものではないので、学生の作文スキルが総じて低めであることは仕方のないところもあります。しかしこれは逆に、少しノウハウを学んで訓練するだけで、簡単に周りと差がつけられるということでもあります。

作文、語彙、敬語といった国語スキルは、大学に入ったらレポート作成や就職活動で必ず必要になりますし、社会人になったら当然仕事で必要になります。どうせ後から必要になるスキルなのであれば、小中高校生のうちからできる限り鍛えておくのが得策です。

普段の勉強と並行して、息抜きも兼ねて文章術や語彙、ロジカルシンキングなどをテーマとした書籍を読んでみることをおすすめします。「文章はこんなふうに書けばいいのか」という基本的なノウハウを知るだけでも、質の高いアウトプット（答案）を作り上げるスキルは格段にアップします。

漢字スキルを鍛える絶大なメリット

ある教育関係者から聞いたお話です。

とある工業高校では、卒業後に技術職に就くために必要となる某国家資格の試験対策に頭を悩ませていました。合格率の低迷が課題となっていたのですが、ある施策を打つことでその国家試験の合格率が劇的に改善したのです。

その施策とはなんと、「学生たちに漢字検定の勉強をさせてみた」ことだったのだそうです。

その高校の生徒さんたちは、いわゆる「ヤンキー」と呼ばれるような、小中学校であまり勉強をしてこなかったタイプの子が大半でした。
いきなり難しい国家試験の勉強をするのではなく、まずは国語をイチからやり直すつもりで、漢字検定の小中学生レベルの級にチャレンジしたのです。漢字検定に合格することによって、努力して結果が出ることの喜びを知り、その成功体験によって勉強へのモチベーションが高まったことが、合格率の向上に大きく寄与したそうです。

しかしながら、もっと根本的な改善点として「それまで国家試験の問題文や教科書に出てくる漢字が読めなくて意味がわからなかったのが、読めるようになった」ことが実は大きかったのだとか。

序章で「得点力とはコミュニケーションスキルである」と述べましたが、この事例はもはやそれ以前の話です。問題文で問われている内容が理解できなければ、作問者とのコミュニケーションなど成り立つはずもありません。
そもそも「教科書が読めない」となると、勉強するモチベーションどころの話ですらありません。

子どもの勉強について考えるうえで、「そもそも、本に出てくる日本語や漢字を問題なく読めているのか?」については、いくら意識してもしすぎることはないでしょう。読むスピードが遅いと感じるなら、思い切って漢字や日本語のスキルを高める訓練を普段の勉強と並行して行うべきです。

漢字をただひたすらコツコツ覚えていくという作業自体はなかなか大変です。しかしそこに「検定合格」という明確な目標や課題が存在することは、漢字を学ぶ大きなモチベーションのひとつとなります。そういう意味で、各種の資格・検定も大いに活用すべきです。

ちなみに、私が現在も続けている「さまざまな分野の資格を取得する」活動は、高校時代の漢字検定との出会いが原点です。

漢字検定は今でこそクイズ番組などの影響で有名ですが、当時はまだ今ほど全国レベルでの認知はされておらず、新聞の広告に載っていたのをたまたま目にして「こんなものがあるのか」と興味をもったのがはじまりでした。

それ以来、漢字検定の「ミッションに挑戦して勲章をゲットする」というゲーム的な体験が楽しかったせいか、すっかり熱中してしまいました。

高校1年生から2年生にかけて、学校の勉強と並行して漢字検定の勉強に取り組み、3級・2級・準1級に合格しました。そのおかげで、国語のテストでの漢字の読み取り・書き取り問題は毎回軽く満点をとれるようになりました。

このように「確実な得点源になる」という絶対的な強みをもてたことも、勉強への意欲を高く保つことができた大きな要因だったと感じています。

うまくできない体験が得点力を上げる

自分が得意な科目や分野の勉強をするのは楽しいですし、苦手な科目や嫌いなタイプの問題を解くのは面白くないですよね。それはもちろん、人間として正常な感覚です。

しかし、本当に成長したいならば、現状できていないことにこそ注力すべきです。

これは、ただ単に「人生には楽しいことも嫌なこともあるのだから、嫌なことに慣れることも今のうちにやっておこう」ということを言いたいわけではありません。

もっと根本的な現実問題として、「自分が今できることばかりやっていても自己満足になるだけで、まったく成長につながらない」ということを言いたいのです。

筋トレでは、筋肉にかける負荷をどんどん上げていかないと筋力は強化されません。自分にはまだ無理かもしれないと思えるレベルの負荷をあえてかけて、それを乗り越えることによって初めて強化されるのです。

勉強も同じで、得意な科目の問題ばかり解いていても成長しません。すでにじゅうぶんできていることばかりやっていてもあまり意味はありません。そこにはただ、「解けるのが気持ちいい」という自己満足があるだけです。

「今日やった問題は全部解けた」というのは、裏を返すと、「今日やった問題からは、まったく改善や成長の機会が得られなかった」ということになります。単に既存の知識の確認にしかなっていないのです。

極論すると、「全問正解できた」というのは、決して喜ぶべき出来事ではなく、まったく成長の糧とはならなかったと、むしろ絶望すべき状況だといえます。

逆に、「解けない問題があった」ということは、そこを解けるようになれば自分はもっとレベルアップできる、つまり成長のための経験値を積むことができるということです。

ゲームでは、弱い敵ばかりを倒していても得られるものは少ないですが、強敵を倒せば一気に経験値がアップしたりします。それと同じことです。

「うまく得点できない体験」こそが、本質的な得点力を上げるのです。できなかったところをひとつひとつつぶしていくことが、確かな成長へとつながっていきます。

そのため、優先して取り組むべきなのは、「すでにできているところ」ではなく、「できていないところ」です。得意科目ではなく、苦手科目です。

すでに得点できているところを思い切って勉強の対象から外す勇気が、真の自己成長のためには必要不可欠なのです。

第4章

点数を稼ぐための勉強スタイル

教科書を読むだけでは「わかったつもり」のまま

学校の授業では、教科書の内容を先生が解説していくスタイルが一般的ですが、真の得点力は、問題集や過去問でとにかく数多くの問題にふれることによってこそ磨かれます。

本書では、得点力を高めるための大きな軸として、「とにかく問題を数多く解く」ことを推奨しますが、人によっては、「もっと他にいい方法ないの？」と思う人もいるでしょう。

これにはきちんとした理由があります。知識を得ようとする際、ただやみくもに情報を吸収しようとしても、頭に入ってきません。ですから、問題形式になっている加工された情報に多くふれることが一番効率的なのです。

「教科書を読む」という勉強は、ある程度は確かに必要です。しかし、教科書を読むだけの勉強には大きな弊害がひとつあります。それは、「読んだだけでわかったような気になってしまう」ことです。

教科書を「読んでいる時点」では、勉強中の内容がそのまま目の前に存在しているわけですから、確かに「わかっている」かもしれません。しかし、それが実は必ずしも記憶には定着していないのです。

そのため、少し時間が経ってからいざ問題として出されてみると、わかっていたつもりがまったく解けなかったりするのです。

たとえば、世界史に出てくるさまざまな国の王朝における、王様の名前や諸制度などの暗記事項がいい例ですね。

教科書を読んでいるうちは「○○朝の○○王が○○という制度をつくったのだな」と、わかったような気になります。しかし、いざ問題として出されると、どの王朝のことだったかがごっちゃになってしまったり、細かいところまで思い出せなかったりして、正確に覚えきれていなかったことを痛感した経験のある人も多いのではないでしょうか。

それではここで、実際にちょっとしたテストをしてみましょう。

以下の文章は、本書の第3章までで書いた内容を少しアレンジしたものです。

カッコの中に入るべきワードがすぐに出てくるでしょうか？

- 塾の本質的なメリット3つのうちふたつめは、（　　）ことである。↓P13
- 筆者が高校3年生のときに「やらないと決めたこと」は、（　　）である。↓P75
- エビングハウスの忘却曲線の縦軸は、（　　）の値である。↓P107

いかがでしたか？

本文を読み進めているときには「ふむふむ」とわかったつもりになっていても、実際には「穴」や「抜け」が少なからず存在するものです。

「落とすための試験」では、まさにこういうところが突かれます。「わかったつもり」「勉強したつもり」ではダメで、問題が出されたときに対処できるようになっていないと、得点には結びつかないのです。

できていない箇所、注力する箇所を明確に

問題集を解いていると、「次の4つの文章のうち、正しいもの（もしくは、誤っているもの）をひとつ選びなさい」という形式の問題がよく出てきます。

「教科書をなんとなく読んだ」程度のあいまいな理解だと、どの選択肢もなんだか正しそうに思えてしまい、正解を選べません。

実際に問題を解くことで、自分はどの部分の理解があいまいなのか、どこでひっかかってしまうのかがはっきりとあぶり出されます。そして、そのあいまいな部分をひとつひとつつぶしていくことが、真の成長につながる勉強なのです。

「間違えた」「解けなかった」という経験は、「つぶすべき自分の弱点が明確になった」という点で、むしろラッキーなことだととらえましょう。

教科書を読むだけの「わかったつもり」の勉強では、なかなかこういう点が明確にならないので、とにかくできるだけ多くの問題にふれるべきなのです。

第3章で、私が所属する人材ビジネス会社の話を少し書きましたが、そこでは就活生向けに面接対策講座を随時開催しています。講座の参加者には模擬面接を受けてもらい、それを録画し、「優秀な学生の模擬面接動画」と比べながら、自分の現実を直視してもらいます。

多くの就活生は、「自分はこんなにオドオドしながらしゃべっているのか」「自己PRの内容が全然まとまっていない」と、自分の面接スキルの低さを客観的に目の当たりにすることでショックを受けるようです。

しかし、自分のダメなところを可視化し、直視することが何よりまず重要なのです。そうすることで、そこからどのように改善していけばいいのかの方策を具体的に考えられるようになるからです。

面接も勉強も、誰でもはじめからうまくできるものではありません。むしろ、いきなりうまくはやれないのが当たり前です。重要なのは、いかに早い段階で自分の課題に気付き、それを改善するための行動がとれるかです。

なお、「できていない箇所」を見極める際は、単に問題に正解できたかどうかで判断してはいけません。「勘で選んだ答えがたまたま合っていた」というケースもしばしばあるからです。

「正解できたかどうか」ではなく、「じゅうぶんな確信をもって答えられたかどうか」で判断すべきです。

たまたま正解できたとしても、迷ってしまった問題、なんとなく答えてしまった問題についてはチェックを入れておき、重点的に復習すべきです。

エピソード体験をひとつでも多く増やす

あなたは試験でこんな経験はないでしょうか。

合否を左右しうるきわめて重要な問題に直面し、選択肢をなんとかふたつにまで絞れたのに、最終的に自分の選んだほうは誤りで、それを間違えたせいで不合格。「もし逆のほうを選んでいたら受かっていたのに……」という悲劇。

このような体験は、強烈な悔しい感情とともに記憶に深く刻み込まれます。

私自身も、長い資格人生で「あと1問合っていれば受かっていた」ということは何度も経験してきているので、「あのときこれを知っていれば……」という悔しい経験がきっかけで、妙に記憶に残っている問題や暗記事項がいくつもあります。

暗記事項をただ淡々と覚えるのではなく、このような何らかの「エピソード体験」と結びつけることで、強く記憶に残すことが可能になります。

「あの模試で出た問題だ！」「あのとき出てきた単語だ！」というエピソード体験を、とにかくひとつでも増やしましょう。

問題を1問でも多く解き、模試は1回でも多く受けることで、エピソード体験はおのずと増えていきます。

試験本番で間違えるのと異なり、模試や問題集の問題で間違えても、人生を左右する失敗にはなりません。

むしろ、失敗できるうちにたくさん失敗しておきましょう。

子どもの頃に挫折体験をしたことがないまま育って、大人になってから初めて大きな挫折を経験すると、二度と立ち上がれないほどの精神的ダメージをずっと引きずってしまう人も多いそうです。

「日々こまめに失敗しておくこと」が、勉強においても、人生においても、長期的に見るとよい結果を生むのです。

また、さまざまな問題集や模試に取り組むことによって、「違うルートから2回ふれた内容は、より記憶に残る」という効果もあります。

たとえば、「同じ問題集の2周目で同じ問題に再度ふれる」のと、「問題集Aにあった問題と似たような問題に問題集Bでふれる」のとでは、感じ方が違います。後者のほうがより印象に残るはずです。

同じテレビCMを何度も繰り返し見るよりも、同じ広告をテレビ・雑誌・Web・街頭広告などいくつかの異なるメディアで目にするほうが印象に残りますよね。それと同じです。

私は日々いろいろな分野の資格・検定試験を受験していますが、一見接点がなさそうな検定の内容が意外なところでつながっていて「あ、あの検定で勉強した内容がここでも出た！」となることがしばしばあります。

たとえばインテリアコーディネーターの試験で茶室の問題が出て、茶道文化検定で勉強した内容が意外なところで役に立ったことがあります。そしてこのような意外性のある体験は、より印象に残る形で記憶に刻まれます。

このような記憶に残る「エピソード体験」をひとつでも多く積み重ねるためにも、あえて複数の問題集をやってみたり、少し違う分野の勉強をしてみたりすることが、有効な一手となります。

得点できない理由は3つしかない

得点力を高めるということは、裏を返すと、解けない問題をなくすということです。
では、そもそも「問題が解けない」のはなぜなのかについて考えてみましょう。

「問題が解けない理由」は、極論すると、次の3つしかありません。

①知識がない
②知識はあるが最終的な解答を導き出せない
③ケアレスミスをしてしまう

「①知識がない」は、その問題を解く前提となる基本的な知識がないということです。これを解決するのは簡単です。知らなかったことを知ればいいだけです。

逆に言うと、いくら頭がいい人でも、知らないことは答えようがありません。

たとえば、いきなり「アルプス山脈で2番目に高い山は?」「インドネシアの南スラウェシ州の州都は?」などと聞かれても、まず答えられないでしょう。けれども、一度知ってさえしまえば簡単に答えられます。ちなみに、先ほどの問題の正解は「モンテローザ」と「マカッサル」です。

何か新しいことを勉強するとき、最初はこのような知らないことばかりで、「こんなの自分には無理だ」と思えてしまうかもしれません。しかし実際に勉強してみると、「ただ知らない用語が多かっただけで、特に難しいというわけではなかった」となることも多いのです。初見の印象に惑わされず、冷静に取り組みましょう。

「②知識はあるが最終的な解答を導き出せない」は、基本的な知識はあるものの、それらを適切に組み合わせたり、応用力を発揮したりして、最終的な解答を出すことができないというものです。

これも解決は実は簡単で、とにかくさまざまな問題を解いて「解き方のパターン」を覚えてしまえば解けます。

第3章でも述べたとおり、頭がいい人は問題の解き方をその場で自分で考えているわけではなくて、過去に解いた問題の解き方パターンをそのまま当てはめて解いていることが多いのです。

「③ケアレスミスをしてしまう」は、問題を解く実力はじゅうぶんにあるはずなのに、不注意・ケアレスミスで間違えてしまうというものです。

たとえば、「問題の意図を勘違いして、求められている解答とまったく違う内容を答えてしまった」「計算問題の途中でミスをして、最終的な数字が違ってしまった」といったケースです。

このケアレスミスですが、軽視しがちです。「本当は解ける実力があった。次は同じミスはしないだろう」と、運や注意がたまたま足りなかったせいで間違えたのだと、変に自分を納得させてしまうのです。

しかしながら、ケアレスミスをなくすことこそが、得点力を高めるためのとても有効な一手です。ある意味、他のふたつよりも重要です。

なぜなら、知識や解き方をたくさん覚えるよりも、ミスを減らすほうが簡単ですし、気を付けるべき点が明確だからです。

テストで90点止まりの人と、コンスタントに100点をとれる人との差は、ケアレスミスがあるかないかです。90点止まりの人は、90点相当の実力しかないわけではなく、本当は100点がとれる実力があるのに、ケアレスミスで10点マイナスになってしまっている可能性が高いのです。

そして、ケアレスミスは、実際に問題をたくさん解くことによって対策の精度を高めることができます。「自分のケアレスミスのパターン」を把握することができるのです。

正しいことは誤りとの対比で理解できる

「教科書に書いてあることをそのまま覚えさえすれば得点できる」と思っていませんか？学校の定期テストなど、決まった試験範囲内からしか出題されないタイプの試験の場合は、その内容を覚えさえすれば、知識だけで答えられる問題は支障なく解答できるようにも思えます。

しかし、教科書を覚えるだけの勉強をしている人は、ひっかけ問題で思わぬミスをしてしまい失点します。

しっかり覚えたつもりのことが、実は細かいところまで正確におさえられていなかったりするのです。

教科書は、「正しいこと」が書かれている、いわば「正典」です。しかし、正典のような「正しいもの」にしかふれてこなかった人は、それが少しひねられた「一見正しそうなもの」を分別する勘が働かないのです。

たとえば、法律分野の試験勉強で「農地を売買する場合には、農業委員会の許可を受けなければならない」という事実を覚えようとしているとします。

この場合、この「正しい文章」だけをそのまま覚えて、なんとなく「役所のＯＫが必要なんだな」くらいにしか認識していないのでは、実際に問題として出されると得点できません。

このような内容を問う問題では、文章中の「許可」の部分を「認可」「承認」「同意」などの似たような用語に置き換えた、ひっかけの「誤りの文章」「誤った選択肢」が出てくるケースが非常に多いからです。許可も承認も同じようなものじゃないかと思えるかもしれませんが、試験ではここを明確に区別できないだけで容赦なく「×」になります。

農地売買時に受けなければならないのは「認可」でも「承認」でもなく「許可」なのだ、としっかり区別して覚える必要があるのです。

また、文章中の「農業委員会」の箇所を「市町村長」や「都道府県知事」に置き換えて「誤りの文章」がつくられるパターンもありますので、「役所からOKをもらう」というざっくりした認識では不十分で、「『農業委員会』から『許可』をもらう」と正確に覚えていなければなりません。

しかし、教科書ではご丁寧に「農地を売買する場合には、市町村長・都道府県知事ではなく農業委員会から、認可でも承認でもなく許可を受けなければならない」と書いてくれているわけではありませんので、似た用語などと対比しながら正確に覚えるということができないのです。

そこで活用できるのが問題集です。

いろいろな問題を解いていくなかで「ひっかけの選択肢」や「誤りの文章」として「正しくないこと」が出てくるケースにふれることによって、「ああそうか、承認ではなくて許可なんだ」と認識し、注意深く暗記できるようになるのです。

本章冒頭でもお伝えした、ただ教科書を読むより問題を解くべき理由がここにもあります。

受け容れるスキルを身につける

真の学力を伸ばすためには、「自分の頭で考える」プロセスが大切だといわれます。

それは確かにそうだといえます。

しかし真に重要なのは、「自分の頭で考える」ことと「深く考えずにそのまま受け容れる」ことのバランスです。

なぜなら、勉強する内容すべてについていちいち深く吟味して「自分の頭で考える」ことをやっていたら、時間がいくらあっても足りないからです。

2018年にノーベル医学生理学賞を受賞した本庶佑《ほんじょたすく》先生はおっしゃいました。「教科書に書いてあることを疑え」と。

学者や研究者ならば、かくあるべきです。しかしそうではないイチ学習者が、基本がわかっていない段階で変わったことをやろうとしても、何か新しいものを生み出せるわけではありませんし、勉強が横道にそれてしまうばかりです。

ましてや、この言葉を「教科書なんて勉強しなくていい」と都合よく解釈してしまってはいけませんし、教科書の内容が納得できないことを「勉強しない言い訳」にしてはいけません。

たとえば、小中学校の算数・数学では、「分数の割り算は分母と分子を逆にして掛け算する」「マイナスとマイナスを掛け算したらプラスになる」ことを学びます。

これについて、どうしてそういうことになるのかが自分の頭の中で説明がつかず、勉強がそこで止まってしまう子どもが一定数存在します。

学びのプロセスにおいて悩むこと・考えることはもちろん重要ですが、そこで行き詰まって勉強が止まってしまう、やる気をなくしてしまうというのでは元も子もありません。

場合によっては、「変に疑問を抱かずそのまま覚えてしまう」ことも大事なのです。初めてふれた段階では完全に腑に落ちなかったとしても、もう少し勉強が進んでから振り返ってみるとすんなり理解できたり、「なぜあんなところでいつまでも引っかかっていたのだろう」と過去の自分が馬鹿らしく思えたりすることも多いものです。

教科書を一読しただけでは腑に落ちないところがある程度は残るのが当然ですから、「1周目で内容がすべて理解できるとは思わない」という心構えで勉強に臨みましょう。

勉強だけでなく対人関係においても、意見が合わない人と議論する際などは「まずは相手の意見をいったん受け容れる」ことが重要だといわれます。コミュニケーションを円滑にするための基本的な考え方のひとつです。

考えること・吟味することは後でゆっくりやればいい。まずは受け容れる。これを意識するだけで、勉強もうまくこなすことができるようになります。

よくわからないところをどう対応するか？

「わからないところ・できていないところをどんどんつぶす」ことこそが、勉強の本質であると述べました。

しかし、「わからないところ」を、最終的に「わかるようにする」ことが絶対というわけではありません。

頭のいい人は、よくわからないところを「確実にわかるようにする」ことが得意なのでは必ずしもなく、「わからなくてもなんとか得点にはつなげる」ことに長けているのです。

「わからないところ・できていないところ」は最終的に「できるようにする」のがもちろ

んベストではありますが、場合によっては「最低限の対応だけはできる状態にしておく」「いったん対応を保留する」ことが長期的・全体的に見るとよい結果を生むことがあるのです。

たとえば、高校の数学で出てくる「二次方程式の解の公式」や「三角関数の公式」は、その意味や導出方法までわかったうえで理解できれば、もちろんそれがベストです。しかし完全な理解が難しいのであれば、公式をとりあえずそのまま暗記して、公式を当てはめるべき場面で実際に使うことさえできれば、得点力にはまったく影響がありません。

車の運転は車のメカニズムを知らなくてもできるのと同じで、ツールとして使える状態にさえなっていれば、必ずしも仕組みを完全に理解できていなくてもいいのです。

その箇所が完璧にわかっていないとそこから先に進むことがまったくできないという内容ではないのであれば、「わからない」状態のまま深入りしないのも、ひとつの選択肢です。

いつまでもそこで立ち止まっているのではなく、他に進める道があるのであれば、いったんそちらに向かってみましょう。前節では「受け容れる」ことについて書きましたが、場合によっては「受け流す」スキルも重要なのです。

そもそも、「よくわからないところ」が「試験ではまず出題されないところ」なのであれば、よくわからないままでも得点力にはまったく影響しません。

そこは放置してしまってまったく問題ないので、もっと他のやるべきことをやりましょう。

頭のいい人は、そのあたりの割り切りがうまいのです。戦略的に決めた「やらないこと」と照らし合わせて、試験では必要ないこと、得点力に影響しないことはスパッと切ります。

どのように対処すべきかの「見切り」と、ためらいなく対応の仕方を決定できる「潔さ」がものを言います。

暗記の積み重ねで、全体像がわかる

学習のスタイルを「アプローチの方向性」の観点から「トップダウン型学習」と「ボトムアップ型学習」のふたつに分類する考え方があります。

トップダウン型の学習とは、まず物事の全体像や原理原則を理解して、その後に個々の事例など細かい項目を理解していくというものです。

ボトムアップ型はその逆で、細かい項目や事例をひとつずつ理解していき、その積み重ねから最終的に全体像をつかむという学習の仕方です。

たとえば、日本史における「平安時代」を、政治史的に一言で表すならば、「貴族政治から武家政治への移行の時代」だといえます。

このざっくりとした全体像をはじめにおさえてから「桓武天皇が平安京に遷都した」「藤原氏が栄えた」「武士の力が強まり、平氏が政権を握った」「源氏が平氏を破り、鎌倉幕府を立てた」といった細かい具体的なポイントを学び、「全体↓部分」の方向で学習を進めていくことで、スムーズな理解が可能になります。これがトップダウン型です。

一方、ボトムアップ型では、「桓武天皇が〜」「源氏が〜」といった個々の具体的な事項の理解を積み重ねていった結果として、「貴族政治から武家政治へ移行した」という全体像がイメージとして認識できることになります。


このトップダウン・ボトムアップの考え方はどちらも重要で、学ぶ内容によってどちらの進め方がいいかは変わることもあります。

しかし、「得点力を高める」観点からいうと、ボトムアップ型の学習に重点を置く必要があります。

というのも、多くの試験では物事の全体像や原理原則などの抽象的な内容が問題として問われることはあまりなく、個々の具体的な事項について出題されることが大半だからです。

トップダウン的な学習で最初から「全体的な本質をわかったつもり」になってしまうと、細かいところの理解・暗記がおろそかになってしまいます。

先ほどの平安時代の例でいうと、「貴族政治から武家政治へ移行した」という本質がわかっていたとしても、「平安京に遷都したのは何天皇？」のような「ボトム」の事項を覚えていないと、ほとんどの問題は解けないのです。

抽象的な全体像や原理原則の理解から入る人よりも、具体的な事例の理解を積み重ねていく人のほうが、得点力という意味では有利だということです。

トップダウン的に「全体的に見た結論・本質を先に知っておく」という勉強法は、確かにスムーズなやり方かもしれません。しかし、その結論を真に具体性・納得性をもって自分の中で消化し、知識として定着できるのかというと、それはまた別の話です。

物事の原理原則や世界観というものは、トップダウン的なうわべの理解ではなく、個々の事項の理解・暗記の積み重ねによって自分の中に醸成することで初めて納得できるものになります。

つまり、細かい暗記事項を積み重ねていくことで、初めて全体が理解できるのです。

「機械的な暗記ばかりの従来型の勉強はダメだ」といわれることもありますが、そんなことはないのです。

個々の細かい暗記事項のひとつひとつには必ずしも有用でないものも含まれているかもしれませんが、それらの積み重ねによって醸成される「真の本質の理解」には間違いなく価値があります。

読んで問題をつくる思考に切り替える

私は常日頃いろいろな資格試験を受験するだけでなく、資格試験の主催団体から作問の依頼を受けて実際に試験問題を作成することがたびたびあるのですが、作問者の立場に立ってみて気付いたことがあります。

それは、「教科書のどの部分から出題しようかな」と考えながら教科書を隅から隅まで読んでいくということをやっていると、教科書の内容がびっくりするほどよく頭に入ってくるということです。

イチ受験生としての教科書読み進めと比べて大きく異なる点は、明確な目的意識をもって主体的に取り組めるということです。

期限までに問題を作成して納品しなければいけないという明確なミッションがあるわけですから、本気で取り組まざるをえません。

「できるだけいい点数をとりたい」程度の気持ちで勉強するのとでは、意識の面で大きく違います。読み進むスピードや、内容の吸収率も驚くほど変わってくるのです。

「しっかり勉強して将来絶対に○○になるんだ！」という強い意志をもって勉強に取り組んでいる人も当然いらっしゃるとは思いますが、イチ受験生という立場である以上、結局のところどうしても受け身なのです。

「仕事で必要だから早急にこの知識を身につけなければならない」という緊急の必要性に迫られた勉強ならまだしも、学校の勉強のような「近い将来確実に必要になる知識」とも言い切れないことの勉強は、無意識に一歩引いたものになってしまうのです。

そこで、「自分がこの内容から試験問題をつくるとしたらどうするか？」を常に意識しながら教科書を読み進めるクセをつけることをおすすめします。

これを実践することで、教科書を読む際の意識が大きく変わることに加えて、試験攻略に対する嗅覚が磨かれるというメリットがあります。「ここはみんな間違えて覚えていそうだから、こんなひっかけ問題がつくれそうだな」「このふたつの似たようなワードを入れ替えた文章が『誤りの選択肢』としてつくれるな」といった思考ができるようになり、教科書の中でも特に出題されやすそうなポイントや、暗記に注意が必要な箇所に対して敏感になれるのです。

「似たようなワードを混同しないように覚える」「教科書の内容そのままではなく、少しアレンジして出題されたときも対応できるようにしておく」といった、得点力アップのための勘どころをおさえた勉強ができるようになります。

友達や勉強仲間と定期的に「自作問題の出し合いコンテスト」をやってみるのも効果的です。

得点力アップのために重要なのは、「教科書の内容を理解すること」というよりも、「教科書を試験範囲とした問題が実際に解けること」です。

教科書の内容を理解したつもりでも、いざ問題として出てくると解けないこともあります。問題として出たときに対処できるための準備が必要です。

その準備として効果的なのが、これまで繰り返し述べている「問題集を解くこと」であるとともに、「自分で問題をつくってみること」なのです。

特に、入手可能な問題集や過去問が存在せず、教材として使えるものが教科書的な書籍しか存在しないような試験の勉強をする際に、「自分で問題をつくる」戦法は非常に有効です。

他の受験者が漫然と教科書を読むだけの勉強をしているであろう状況で、自分だけは実戦を具体的に想定した対策を行えるわけですから、その優位性は明確です。

第 5 章

独学で得点力を高める習慣

パズル本・謎解き本で論理的思考を鍛える

私が子ども時代にやっていたことで、「今思うとあれが得点力の向上に大きく影響したな」と思えることのひとつは、パズルや謎解きの本をたくさん読んでいたことです。

マスに数字を埋めていくパズル、分解された漢字のパーツを組み合わせるパズル、いくつかのヒントから暗号を解読するパズルなど、さまざまなパズルを解いていましたが、パズルに挑戦する過程で、論理的思考のスキルが鍛えられました。

きっかけは父親がたまたま買ってきたパズル雑誌を、なんとなく興味をもって読むようになったことです。当時の私は小学校低学年くらいでしたので、簡単な問題ならばなんとか解けるけれど、中級クラス以上の問題はまったく歯が立たないという感じでした。

はじめは当てずっぽうだけで解いていたパズルも多かったのですが、だんだんと「理屈でマスを埋めていく方法」に気が付くようになります。

パズルの解き方を模索する過程で、

- 複雑な問題を要素に分解する
- 原因と結果を因果関係でつなぎ、問題解決のルートを組み立てる
- 仮説を立てて、それによって問題解決に至れるかをシミュレーションする
- 矛盾・漏れ・重複のない解答を導き出す

といったことを考えますが、これがまさに論理的思考のスキルを鍛える訓練になっているのです。

パズルで身につくのは論理的思考だけではありません。

たとえば、「カックロ」というパズルでは、計算スキルが鍛えられます。

カックロとは、クロスワードのような盤面の黒マスに数字が書かれていて、それに隣接するタテまたはヨコ方向のひとつながりの白マスの数字の合計が、黒マスの数字に等しくなるように、白マスに1~9の数字を埋めていくパズルです。

かつ、そのひとつながりの数字の中では、同じ数字を2回使ってはいけません。たとえば黒マスに「7」と書かれていて、ひとつながりの白マスが3マスあった場合、白マスに入る数字は「1・2・4」の組み合わせならOKですが、「2・2・3」のような組み合わせで埋めることはできません。

「足して合計が○になる数字は……」と考えながら解いていくので、知らず知らずのうちに計算のスピードが上がります。

計算のスピードとは結局、さまざまな数字の足し算や引き算のパターンを頭の中に蓄積し、条件反射的にパッと出てくるようにできるかどうかですから、カックロのような「数字の足し算・引き算をしながら解いていくパズル」でさまざまな計算パターンにふれることで、計算のスピードは上がります。

無味乾燥な計算ドリルを苦行のようにこなしていくよりも、パズルを解きながら「この列の数字の合計が15にならないといけないから……、このマスに入るのは5だ！」とやっていくほうが楽しいです。

また、パズルの定番ともいえるクロスワードでは、さまざまな語彙や雑学知識が身につきます。

　盤面にあるワードが知らないものだったら、新しい語彙を増やすいいきっかけになりますし、ヒントである「ヨコのカギ」「タテのカギ」の記述から、さまざまな雑学知識を得ることもできます。

　たとえば、「キャベジン」というワードのカギに「ビタミンUの別称」と書いてあれば、「へぇ、キャベジンってビタミンUのことなんだ」という雑学知識を得ることができます。クロスワードのヒントは雑学知識の宝庫です。

　もちろん、普通に国数英理社の勉強に役立つワードやヒントが出てくることもあります。私自身、クロスワードに出てくる単語やヒントがきっかけで新しく知った語彙や知識がたくさんあります。

　このようにパズルをきっかけに覚えた知識は、第4章

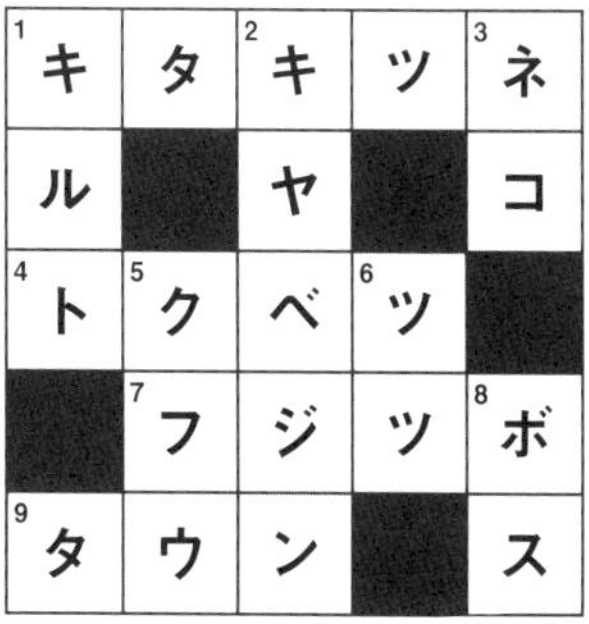

クロスワード

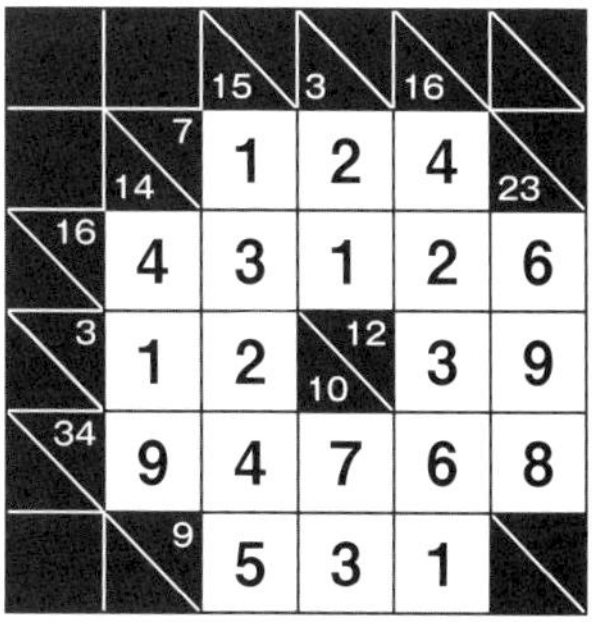

カックロ

の「エピソード体験」にもなり、普通に教科書を読んで知るよりもはるかに記憶に残ります。

最近は「リアル脱出ゲーム」が全国的に流行したり、テレビでも脳トレ・謎解きがテーマのクイズ番組が多数放映されたりと、このようなパズル的な知見にふれる入り口はどんどん広がってきています。

学校の勉強から少し離れてでも、パズル・謎解きの本やゲームに取り組む価値はじゅうぶんにあります。もちろん、息抜きのひとつとして取り組んでみるのも効果的です。

がんばれる環境に意識的に身を置く

私は高校3年生のとき、かなり極端な生活リズムで日々を送っていました。

夕方に学校から帰ってきたら夕食まで3時間ほど仮眠し、そのぶん夜遅くまで起きて勉強するという生活パターンでした。

タイムテーブルにするとこんな感じです。

17時　帰宅・仮眠
20時　起床・夕食
21時〜　勉強

5時　就寝
7時　起床
8時　登校

12時間周期で2〜3時間ほど寝る、の繰り返しなので、あたかも一日を24時間としてではなく、「12時間×2」として生活しているような感じでした。

あえてこのような生活リズムにしていた理由は大きくふたつあります。

まずひとつは、学校から帰ったあとは思い切って少し寝ることで、日中の頭や体の疲れが回復できること。

ふたつめは、私は完全に夜型人間なので、深夜のほうが日中よりも明らかに集中して勉強できたからです。

「図書館のような、周りがみんな勉強している環境だと自分もやる気が出る」というタイプの人もいると思います。しかし私はむしろ逆で、「他の人は誰も勉強していない場所や時間帯で自分だけ勉強している」のってなんてすごいんだ！ということで妙にテンションが上がるタイプなので、あえて誰も起きていない深夜に起きて勉強していたのでした。

スペインなどの国では社会人でも昼下がりに2～3時間の睡眠をとる「シエスタ」の習慣がありますが、私はそのような睡眠をシエスタより少し遅めの時間帯にとっていたような感じでしょうか。

心身の活性が低下する午後の時間帯に長めの仮眠をとることは、効果的なリフレッシュになり、意外と合理的な習慣だといわれています。

私は今でも、特に忙しい時期などはこのパターンであえて生活することがあります。普通に24時間周期で生活していると、どうしても起床後8時間ほど経つと疲れて仕事の生産性が落ちてきますが、そのタイミングで思い切って少し寝ることによって、疲れをリセットできます。一日24時間という限られた時間の中で、頭を活発に動かせる時間帯を増やすことができるのです。

このやり方は、「自分はどういう環境・状況だったらより勉強できるのか？　集中できるのか？」をいろいろ試行錯誤したうえで、これが自分のベストだと導き出したものです。

人間、「がんばろう」と思うだけでがんばれるなら苦労はありません。

重要なのは、がんばろうとすることではなく、がんばれる環境・状況に自ら意識的に身を置くようにすることです。

他にも、そのような意図であえてやっていたこととしては、「できる限りたくさんの模試を受ける予定を入れる」ことがあります。学校で全員が受験する模試に加えて、記述模試、東大模試など、スケジュールが合うものはできる限り個人的に申し込んで受験するようにしていました。

私は本番や締切が直前に迫ってこないと、いまひとつスイッチが入らないタイプです。試験の直前期という状況なら勉強に集中できるので、あえて模試の予定を入れて常に自分を追い込む状況をつくっていたのでした。

そして逆に、「こういう環境・状況では自分はとたんに勉強・集中できなくなる」ということをあらかじめ自分でわかっておくことも重要です。

できる限りそういう状況に自分をもっていかないようにします。

たとえば、私はこたつや地べたに座って勉強していると絶対に途中でだらけたり眠くなったりしてしまうことが経験上わかっていたので、集中して勉強するときは必ず椅子に座ってやるようにしています。

また、高校時代は大丈夫だったのですが、今は自宅の自室で勉強や仕事をしようとすると他のことがしたくなって集中が乱されるため、基本的に自室ではやらないと決めて、カフェなどを利用しています。

意志の力を強くもって自分の行動を律するのではなく、意志の強さに関係なく行動が勉強へと向かう仕掛けやルールを用意してやるのです。

やることの優先順位をつけるルールを決める

ここまで、さまざまなトピックで「勉強はスピードが重要」ということを書いてきました。

勉強のスピードを高めるコツは、その日その時のタイミングで何の勉強をするかをあらかじめ決めておくことです。

何でもやれる状況、やれることの選択肢がありすぎる状況では、逆に人は動けないからです。そこで、やることの選択肢にあえて制約をかけることによって、すぐ具体的な行動に移れるようになります。

私は高校時代、新しい問題集を入手したら、この日に何ページから何ページまでやるというノルマをまずカレンダーに書き出すことから始めていました。1日当たりのページ数を適当に決めて、機械的にノルマを各日に割り振っていきます。そして、やり終えたノルマは斜線を引いてどんどん消していくのです。

これによって、

①日々やることが明確になってすぐ動ける
②進捗状況が一目でわかる
③予定より進捗が進んでいるとうれしいし、遅れていると危機感でやる気が出る

というメリットがありました。またその結果として、教材が「買ったはいいけれど手をつけないまま」の「積ん読」状態になってしまうのを防ぐこともできました。

とはいえ、その「何の勉強をするかあらかじめ決める」はどのように決めるのか、また、もしあらかじめ決めていなかったときはどうするのか、ということが問題になります。

やることを素早く決めるスキルが重要なのですが、決断を素早く下せる人というのは、物事の優先順位のつけ方について、あらかじめ明確な判断基準をもっている人です。確固

たる明確な基準がすでにあるのですから、あとはそれに当てはめて決めるだけです。

勉強の優先順位のつけ方は、基本的には、「必要度」「緊急度」の観点から決めます。

たとえば、学校から出された宿題・課題の優先順位のつけ方であれば、「提出日が最も早いものからやる」「やらなければいけない量（ページ数など）が最も多いものからやる」といったルールを自分の中で決めてしまいましょう。

また、テスト勉強の優先順位としては、「最も勉強が進んでいない科目を優先的にやる」「直近のテストで最も点数が低かった科目を優先的にやる」などが考えられます。

ルールを決めたら、あとはそのルールに沿って具体的な行動に移すだけです。

人はついつい「やらなければいけないこと」よりも「やりたいこと」を優先して自分の行動を決めてしまいがちですが、このようなルールを決めてしまえば、自分の主観的な意向は排除して行動を決めることができます。

また、日々の行動の中で「移動時間や待ち時間などのちょっとした空き時間」がふとできたときに何をやるかをあらかじめ決めてしまうのも有効です。

いざ時間ができてから「じゃあ何をやろうか」を決めるのではスピードが鈍りますし、へたをしたらそれを考えることだけで貴重な空き時間が過ぎ去ってしまいます。

そこまでまとまった勉強時間がとれるわけでもないので、空き時間の長さに応じてやることを決めるのがコツです。

たとえば、使えそうな時間が5分なら、英単語暗記などのいつでも始められていつでも中断できることをやり、15分なら一問一答形式の軽めの問題集を解いてみるなどです。それぞれのとき用の教材を常時カバンに忍ばせておきましょう。

1時間の勉強時間を15分×4に分割する

先ほどのトピックで、「空き時間ができたときに何をやるかをあらかじめ決めておく」という話をしました。

このような「偶発的にできたちょっとした空き時間」は、「スキマ時間」とも呼ばれます。

このスキマ時間での勉強は、貴重な時間を有効活用できることに加えて、「締切効果による効率アップ」というメリットがあります。

スキマ時間は、わずか数分から数十分程度の細切れの時間であるため、その制限があることにより「あと10分でやれるだけのことをやろう！」という意識が働きます。短い時間の中で、高い集中力とスピード感をもって勉強に臨めるのです。

また、「何時間も続けて勉強するのはしんどいけれど、数分だけならがんばってみるか」という意識も働くので、時間は短くても密度の高い勉強ができます。

このように、普通にまとまった時間をとって勉強するよりも多くのメリットがあるスキマ時間勉強を、スキマ時間がたまたま発生したときにしかやらないというのは、実にもったいないことです。

どうせ1時間勉強するなら、「継続して1時間やる」よりも「15分×4回に分けてやる」ほうが、集中力とスピード感の向上に伴って、倍近い量をこなすことも可能になります。

むしろ、積極的に「自ら意図的にスキマ時間を生み出す」のを習慣化することをおすすめします。日々の生活や行動のさまざまなポイントに、意図的にスキマ時間勉強を配置していくのです。たとえば、

①トイレやお風呂に行こうとする前に、5分だけ勉強時間をつくる
②テレビのCM中は英単語暗記にあてる時間にする
③徒歩で移動中、ちょっとした読書によさそうなベンチやラウンジを見つけたら、10分だけ座って勉強する時間をつくる

といったぐあいです。

長時間ダラダラ勉強するよりも、あえて「短時間集中を複数回繰り返す」ほうが、トータルではより密度の濃い勉強ができるようになるので、特に「集中力がなくて勉強が続かない」という人にぜひ試してほしいやり方です。

また、「いつもとは少し違った場所・タイミング」で勉強するということは、それ自体が第4章で挙げた「エピソード体験」にもなるので、記憶に残りやすくなります。「あ、この英単語はあのとき少し変わった場所で覚えたものだ」と、妙に印象に残ることがあるのです。

「ながら勉強」ができないか常に考える

勉強に集中するために、ゲームなどの娯楽は一切やめるべきだと主張する人がいます。しかし、ゲームと成績の関係性について国内外でさまざまな調査が行われていますが、それらの結果を見ると、ゲームをやるかやらないか（もしくは、ゲームのプレイ時間が長いか短いか）は、学業の成績にはほとんど影響しないということはほぼ明らかだといえます。

私も幼少期は、我が家のルールで「一日1時間」と決められていたゲームの時間だけを生きがいにしていたような子どもでしたが、成績は悪くなかったので、ゲームをやること自体については親から何も言われませんでした。

東京大学新聞社によって現役東大生を対象に行われたゲームに関するアンケートでも、東大生が小学校時代に人並み以上にゲームに熱中していたことが読み取れます。

少なくともいえるのは、ただゲームをやめるだけで勉強をするようになるか、成績がよくなるかというと、そんなことはないということです。

毎日ゲームにかけていた時間がそのまま勉強時間に都合よくスライドするわけではありませんし、ゲームをできないことがストレスになって勉強のペースが鈍るということも考えられます。

そうであれば、「ゲームをやっている時間にも、何か少しでも勉強につながることができないか」を考えるほうがよほど生産的です。

勉強時間をもっと増やしたいと思うなら、娯楽や家事など他のことに使っている時間を犠牲にして勉強にあてるよりも、いっそ他のことに使っている時間を勉強自体と重ねてしまうことをおすすめします。

娯楽などの「楽しいこと・好きなこと」と、勉強という「つらい（かもしれない）こと」

をあえて組み合わせることによって、つらいことでもそこまで抵抗感をもたずに継続していくことができるのです。

この原理をダイエットに応用して大ヒット商品となったのが、『TRF イージー・ドゥ・ダンササイズ』というエクササイズDVDです。TRFやエイベックスアーティストの大ヒット曲に合わせて、楽しみながらエクササイズできるというものです。

有酸素運動や筋力トレーニングという「つらいこと」も、音楽やダンスなどの「楽しいこと・好きなこと」と組み合わせれば続けられるということで、多くの人が実際にシェイプアップに成功し、爆発的なヒット商品となったのです。この考え方はぜひ勉強にも導入すべきです。

たとえば私は、ゲームプレイ中はかたわらに英単語集などの教材を置いておき、「ゲームプレイ中に発生するスキマ時間」にそれを少しでも読み進めるということをやっていました。データ読み込み待ち中や、レベル上げの単純作業中などの「画面を凝視していなくても問題ない時間」に、英単語をひとつでも多く覚えるようにするのです。

また、ゲームをプレイしながら「過去の勉強内容を想起する訓練」もしていました。ゲームプレイの直前に勉強していた内容や、ゲームのスキマ時間中に覚えたばかりの内容を、本を見ずに頭の中だけで思い出せるかを自分でテストしてみるのです。「想起する訓練」は、いつでも何をやっているときでも、他の作業と並行して実践可能な勉強です。

他にも、「ゲームをしながら片耳はイヤホンで英語のラジオを聴く」「鑑賞中のマンガや映画に出てくるセリフを英語に訳してみたらどうなるか考えてみる」などの「娯楽しながら勉強法」が考えられます。

「本当はもっと勉強しないといけないのに、娯楽に時間を浪費してしまっている」ことに罪悪感をもってしまい、そういう面でも勉強でストレスをためてしまう人がいます。

そこで娯楽を我慢しようとするよりも、考え方を思い切って変えて、娯楽の中に何か少しでも勉強に関係する要素を取り入れられないかを考えてみましょう。

娯楽を楽しみながら少しでも工夫して勉強するというのは、想像以上にかなりの量をこなせるものです。ちりも積もれば、けっこうな山になるのです。

勉強記録をつける

私は高校3年生のときに、毎日簡単な日記というか勉強記録をつけていました。「今日はこんな勉強をした」「テストが返ってきて何点だった」「今日は用事があってあまり勉強できなかった」など、日々の「勉強の内容」や「テストの結果」、「感じたこと」を、毎日必ず、何かしら記録に残すようにしていたのです。

また、その日一日の行動のタイムテーブルや勉強時間も記録していました。「睡眠」「学校」「勉強」「テレビ」など、その日、何時から何時までどのように行動していたのかをすべて書き出していました。

▶勉強記録をつける

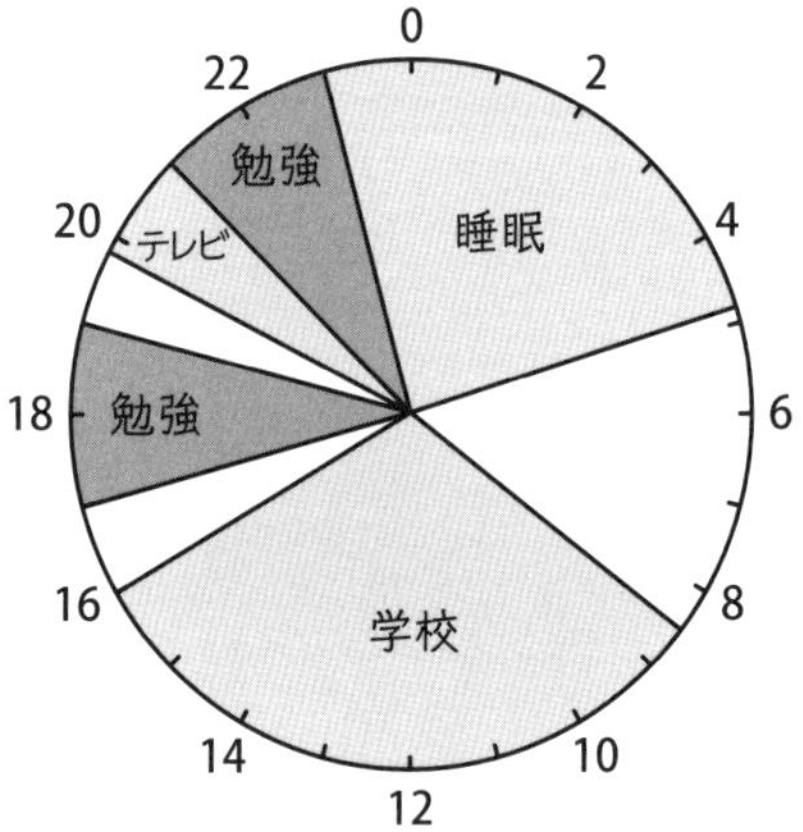

3月13日(水)

- 数学のテストが返ってきた。70点だった。
  思ったよりとれてなかった。
- ○○テストの順位が出た。5番だった。
- 数学の○○問題集を10ページやろうと思ったけど、
  疲れていて5ページやったところで寝てしまった。
- 本日の勉強時間：4h

自分の状況や進捗を可視化してはじめて、現実的な反省や、戦略の練り直しができるようになる

もともとは「今年は人生の重要な一年になりそうだから、いろいろ記録を残してみよう」というくらいの気持ちで始めたのですが、いざ生活パターンを記録につけてみると、さまざまなことが浮き彫りになりました。

かなり勉強したつもりでいた日も、行動のタイムテーブルに落としこんでみると、もっと勉強にあてられそうな時間帯がいくらでもあったり、勉強をサボった日は思った以上にスカスカなタイムテーブルになったりしていて、現実と自分の感覚との間にかなり差があることが明確になったのです。

勉強でも仕事でも何でもそうですが、進捗状況が「見える化」できておらず、「最近あまり順調ではないかも？」と、なんとなくダメな状況をなんとなく認識している状態では、そのままなんとなくタイムリミット（試験日など）を迎えてしまい失敗します。

ダメな状態を可視化できれば、「やらなければ」という意識が生まれます。

自分の状況や進捗を可視化して初めて、現実的な反省や、戦略の練り直しができるようになるのです。

とはいえ、毎日何か文章を書くというのは、なかなかの苦行です。私も、最初は日記を書くだけでも時間がかかって大変でした。

書くことをいきなり習慣化するのがつらければ、最初は一日1行だけでもいいですし、書くのにかける時間も1分もあればじゅうぶんです。きれいな字で書こうとしなくてもいいです。書く内容を考えるのが大変であれば、深く考えなくても書くことができる、その日あった事実の羅列だけでもかまいません。

日々実際に文章を書くというアウトプットを地道に継続していくことで、少しずつ作文スキルが上達していくメリットもあります。まずは「とにかく毎日続ける」ことに集中しましょう。

書くことにある程度慣れてきた段階で、何か月か前に書いた自分の文章をあらためて読み返してみると、書くスキルが確実にアップしていることを実感できるはずです。それとともに、過去の自分の文章について「この日の文章は日本語としてちょっと変だったな」「この漢字を間違えて書いているな」という気付きがあります。

第4章の「できていない箇所、注力する箇所を明確に」で、「自分の模擬面接を録画して見る」という話をしましたが、それと似たような話です。過去の自分のアウトプットを実際に目の当たりにすることで初めて、注意すべき点や、これからの課題が明確になるのです。

難関大学の入試や、難関国家資格の試験では「記述問題」「論述問題」が出ます。このような高いレベルを目指すなら、文章を書くスキルが絶対に必要です。

そして、私が高校時代に国語で点をとれるようになってきた時期や、記述問題で確実に得点できるようになってきた時期は、日記を書くことに慣れてきたタイミングとまさに合致します。

「文章を書く訓練」は、なかなかみんながやらないことだからこそ、やれば大きな効果があるのです。世の中には文章を書くことだけでお金を稼いでいる人もいますし、勉強に限った話ではなく「文章を書くスキル」は想像以上に重要で価値が高いものであることは間違いありません。

なお、ブログやSNSで文章を書いていく形もいいのですが、できれば紙に書く習慣をつけるほうが望ましいでしょう。

なぜならパソコンやスマートフォンで文章を書く場合は、文字入力に予測変換を利用できるので、「書けた気になってしまう」からです。文章を書くスキルは磨けたとしても、漢字や文字を正しく書くスキルは身につきにくいのです。

予測変換に頼らず自分の力で正しく字を書けるようにする訓練も、質の高いアウトプット（答案）を作り上げるためには必要不可欠といえます。

勉強の合間合間に体を動かす

勉強というのは、何時間もノンストップでやり続けるのではなく、合間合間に適宜リフレッシュタイムを挟みながら進めるほうが、長期的に見ると効果的です。

このリフレッシュタイムは、単なる休憩時間ではなく、学びの内容の反芻や思索のために使う時間です。たとえば、連続して15分勉強したら、1～2分ほど席を立って少し歩き回ったり、ストレッチをしたりしながら、思索をめぐらせます。

集中して勉強する時間と、少し勉強から離れて思索・反省する時間とを交互に繰り返すことによって、勉強した内容を頭の中で整理したり、暗記事項を記憶に確実に定着させたりを効果的に行うことが可能になります。

たとえば勉強中に行き詰まって、うんうん考えてもなかなか自分の中で解決しきれなかったことについて、家事などをこなしている最中にあらためて考えをめぐらせてみると「あ、あれってつまりこういうことか」とすっきり腑に落ちることがあります。

少し勉強から離れて頭を切り替えてみることで、柔軟な発想ができるようになったり、違う視点から物事を考えられるようになったりします。

あえて勉強からは一度完全に離れ、すぐに本を見返して確認することができない状態に身を置くことでこそ、できるようになることもあるのです。

私の故郷は富山県砺波市というところで、実家が学区の端に位置していたために、小学生時代は片道1時間の道のりを毎日歩いて通学していました。

朝は集団登校なので友達と一緒ですが、帰りは下校時刻がみんなバラバラなため基本的にひとりで田んぼの中の道を歩いて帰ることが多く、あまりにも暇すぎるために、下校時間はその日学校で勉強したことを頭の中で復習する時間として使っていました。

たとえば九九を暗唱しながら歩いたり、テストで間違えて悔しかった問題についてあらためて考えてみたりといった感じです。

今にして思うと、このように「学校でガッチリ勉強したあとに体を動かしながら思いをめぐらす」ということが意図しないうちに習慣化されていたことが、得点力アップのためにはよかったのかなと感じます。

そういう意味では、勉強をどのポイントで中断して、休憩したり家事など他の行動に移ったりするかという「勉強の区切りのつけ方」も、実は工夫しがいのあるポイントです。

私のおすすめは、「ちょっと難しい・ややこしいと思うところ」であえて中断することです。勉強中断後の息抜きや作業中に頭の中ですぐ復習したり、じっくり考えたりできるからです。

次に勉強を再開するときもそのポイントから復習することになるので、「期間をあまり置かずに2回ふれる」ことによって記憶に強固に印象付けることができて、一石二鳥です。

他の人のやり方や状況を聞いてみる

特に「独学主体で勉強している人」にお伝えしたいことですが、「今の自分のやり方」が最も効果的であり、最善の勉強法であるとは思わないようにしましょう。そう考えてしまったとたんに、成長や改善の道が一気に閉ざされてしまいます。

勉強でも仕事でも、「何かもっといい方法があるはずだ」と常に模索するスタンスでい続けるくらいがちょうどいいのです。

自分よりもよい成果を出している友達や、人とは少し違ったことを実践している友達に、勉強のやり方や、普段どう過ごしているかについて聞いてみましょう。そこから新しい気付きや、発奮材料が得られるはずです。

つまり、自分の勉強法の「セカンドオピニオン」を、周りの人のやり方から発掘していくのです。他にも、勉強法をテーマとした本を読んでみるとか、学校の先生に勉強のやり方について相談してみるのもいいでしょう。

そこから知ることができたやり方の中で、「このやり方は考えたこともなかったけれど、自分にも大いに役立ちそうだ」と思えるものがあれば、どんどん自分の勉強にも取り入れてみましょう。

もし実際にやってみて「思っていたほどでもなかったな」と思ったら、また元に戻せばいいのです。それはそれで「このやり方はあまりよくなかった」という知見が得られたと、プラスにとらえることが可能です。

結果を出せる人というのは、自分の中の信念や軸には確固たるものをもちつつも、細かいやり方については状況に応じて柔軟に変えていける人です。

いずれにせよ常に意識すべきことは、「自分のやり方が非効率であることに気付かないまま続けてしまっているかもしれない」という可能性です。

時には、自分が必要だと思ってやっていたことが、実は得点力にまったく結びつかない無駄な勉強だったということもありえます。

目の前のことだけに必死になりすぎていたり、いつものルーチンワークに埋没していたりすると、周りが見えなくなるとともに、自分のことを客観視できなくなってしまいます。冷静な現状分析や改善策の検討ができなくなってしまうのです。

勉強の成果を順調に上げ続けられているのならばともかく、ちょっと頭打ち感が出てきているとか、努力が結果に結びついていないと思えるのならば、一度思い切って手を止めてみることも必要です。

そして、自分ひとりだけで考え込むよりも、少し周りに目を向けてみるほうが、打開策のヒントを手っ取り早く見つけることができます。

「結局はパターンを数多く知っている人が勝つ」というのは、試験問題の解法パターンにだけ当てはまることではなく、勉強のやり方・パターンについても同じことがいえるのです。

終章

結果を出せる教科別の勉強法

国語を極める

第3章の「得点力は国語スキルが9割」で述べたとおり、国語にまつわる各種スキルはすべての教科の得点力を向上させるベースとなります。ぜひとも早い段階から鍛えておくべきです。

しかし、学校の勉強で通常用いられる国語の教科書や学参（小中高校生向けの学習参考書）は、読解、作文、論理的思考などのスキルを効率的に伸ばすためのツールにはなっていません。

これらのスキルを伸ばすことにまったくつながらないというわけではありませんが、基本的に国語の教科書の内容や、国語の授業の進め方は、いろいろな文章を読んだり書いたりすることを通して「じわじわと国語スキルを伸ばしていく」という形です。

少なくとも、直接的にこれらのスキルを伸ばせるような内容にはなっていません。国語のカリキュラムに「文章の書き方」「文章の読み方」といった単元が明確には存在しないことからも、それは明らかです。

そこで、いったん国語の「学校で勉強する内容」や学参からは思い切って離れて、国語スキルを磨ける一般書・ビジネス書を積極的に読むことをおすすめします。

たとえば、「読書術」「文章術」「ロジカルシンキング」「語彙力」といったテーマの書籍です。

普通に国語を勉強するのでは、なんとなくじわじわとしか身についていかない読解や作文などのスキルを、こうした本から一気にノウハウを学んで習得してしまうのです。

このような本は基本的に「国語が苦手な人」向けに書かれているので、中学生・高校生でもじゅうぶん読み切れるつくりになっています。ぜひ変な固定観念や「まだ自分には早いかな」という思い込みは捨てて、大人向けのこうした本を読んでみることをおすすめします。学生だからといって学参しか読まないのはもったいないです。

こうした本を読んで国語スキルの勘どころをつかんでから問題集を解くことで、国語という教科の見え方が一変します。

普通の教科書や学参で国語スキルを身につけようとするより断然早いですし、普通の子どもは読まない本なので、「裏ワザ」的に周りと一気に差をつけることもできます。

また、古文や漢文についても、「日本語の雑学」などを扱った本で「実は昔の日本語は今と違ってこうだった」的な知識を最初に理解してから読んでみると、一気に腑に落ちるはずです。

古文や漢文をうまく読み解けないのは、一見現代の日本語と同じように読み解けそうな文章のところどころに、古文や漢文の独自ルールがちょこちょこ入ってくるからです。現代語と同じ言葉や文字でもまったく違った意味になっていたりするので、現代語のルールだけがなまじ頭に入っている状態だと混乱してしまうのです。

本当は古文・漢文のルールを最初に一通りおさえる講義を受けるなどしてから読むべきなのですが、通常の古文や漢文の授業では、ルールは教科書に出てきたらそのつど解説するという形で進むので、よくわからないのです。

数学を極める

数学の勉強は、とにかく「基本的な公式」と「解法パターン」を覚えることに尽きます。

やるべきことはもうこれしかありません。

ただ、数学という教科には、他の教科にはない独特の注意点があります。それについて3点アドバイスを述べたいと思います。

①絶対に途中で「挫折」に陥らない

「挫折をとにかく避ける」という話を序章でしましたが、それが特にいえるのがこの数学という教科です。数学は他の教科と比べて、一度挫折したら一気にやる気がなくなる、かつ、そこから先の内容がまったく理解できなくなる傾向が顕著なので、途中で挫折してしまうことだけは何としても避けなければなりません。

数学がわからないのは、数学のセンスがないからではなく、挫折した地点で前進をやめてしまうからです。逆に途中で挫折さえしなければ、大学入試くらいまでのレベルの数学であれば、誰でも本当はなんとかなるはずなのです。

本書の随所で述べた「わからない」壁に突き当たったときの対処法を参考に、「挫折する→やる気がなくなる→そこからまったく勉強しなくなる」という負のループに絶対に陥らないことを心がけさえすれば、その時点で数学はもう半分攻略できたようなものです。

②「計算スキル」はバカにできない

数学が苦手な人に対して数学や計算問題の勉強を教えるという機会がしばしばあり、常々思うことですが、数学が苦手な人は、そもそも足し算や掛け算などの基本的な計算のスピードが単純に遅いです。

「計算のスピードが遅い」という事実には自分では気付きにくいものですが、自分の計算のスピードが遅いかどうかは、数学ができる人が答案を書き上げるスピードを一度見てみるとはっきりわかります。

計算が早い人と遅い人とでは、それこそスピードが10倍は違います。計算のスピードが遅いことはかなり不利な条件になります。

計算が早い人は、たとえば「『7X＋91Y＝245』という式は、すべての数字が7で割り切れるからもっと簡単な式にできる」といったことが一瞬で判断できるのですが、遅い人はなかなか気付けないため、式変形などのスピードが格段に落ちるのです。

数学の勉強の本質は、冒頭でも述べたとおり公式と解法を覚えることですが、初歩的な計算スキルもバカにできないのです。

また、計算のスピードが遅いということは、日々の勉強において時間当たりでこなせる問題数が少ないということなので、計算スキルのある人と比べて数学の勉強の効率も大きく落ちてしまうのです。

計算スキルに自信がないなら、簡単な計算をスピード感をもってこなしていく、思い切って計算ドリルをやり直すなどの訓練をすべきです。計算スキルが必要なゲームやパズルをやってみるのも有効です。

③「ケアレスミス」には細心の注意を

第4章で述べた「ケアレスミス」について、5教科の中でも特に気をつけるべきなのが数学です。

東大の理系の科類に受かる人はみんな当たり前のようにセンター試験の数学では200点満点をとりますが（逆にもし200点とれなかったらへこむレベル）、数学で満点をとれるかどうかは、ケアレスミスをゼロにできるかできないかの差だと言っても過言ではありません。

よくやりがちなミスは、式変形の途中でプラスとマイナスを逆に書いたり、自分で汚く書いた文字を判読ミスしたり（4と9を読み間違えるなど）してしまって、その後の式変形がおかしなことになってしまうパターンです。

式変形の計算過程では細心の注意を払うクセをつけるべきです。緻密すぎる、几帳面すぎるくらいがちょうどいいです。

また、「答案をきれいに書く」ことを心がけるだけでも、ケアレスミスは減らせます。自分のためにも採点者のためにも、できるだけきれいに書くことを意識しましょう。

英語を極める

ひとくちに「英語ができる」といってもいろいろです。

漠然と「英語スキルを伸ばそう」とだけ考えてやみくもに英語の勉強に取り組んでも、絶対にうまくいきません。

英語の勉強では、「自分が目指す試験での得点力を高めるためにはどんな英語スキルを磨くことが必要なのか」を見極めることが最も重要です。

英語の試験で問われうる英語スキルのジャンルを細分化すると、

- 英文を読める
- 英文を書ける
- 単語やイディオムをたくさん知っている
- 文法を正確に理解している
- リスニングができる
- 英語面接ができる

など、多岐に及びます。

大学入試では、大学によって、これら問われるスキルの傾向や比重がまったく異なりますので、そのジャンルに絞った勉強をすべきです。

別の言い方をすると、たとえば「英会話ができる」といったような漠然とした英語スキルと、試験で高得点をとるために必要な英語スキルとはまったく別物であると割り切ってとらえるべきだということです。

「だから日本の英語教育では英語スキルが身につかないんだ」という意見もありますが、日本の入試で求められる英語がグローバル基準からずれているならいるで、その枠の中で最も評価されることをやるしかありません。

そして、英語の勉強も、国語と同様「教科書だけ勉強していても英語スキルがストレートには身につかない」ものであるため、一般的な学校の勉強用の教科書や問題集にとらわれず、多様な英語関連書籍を活用することをおすすめします。

語彙・文法・リスニングといったジャンルごとに、学参よりもはるかに多彩なバリエーションの、自分のレベルや弱点に合わせた勉強をできる英語関連書籍がたくさんあります。

たとえば、2018年にベストセラーとなった『英単語の語源図鑑』は、語源をもとに英単語を分解することによって、普通の単語集よりも効果的に語彙が身につく一冊です。

磨くべき英語スキルを絞って、そのスキルの上達に最も効果的な書籍を使って勉強しましょう。

理科を極める

理科という教科は、物理・化学・生物の科目それぞれでかなり特徴が異なります。

大学で理系の学部に進学したいのであれば、希望する専攻に関連する科目を履修すべきですが、さしあたって受験のためだけに必要ということであれば、どの科目を選択するかがまず重要です。

各科目の特徴の違いをざっと挙げると、「①物理→②化学→③生物」の順で数学のスキルが必要になります。逆に、「①生物→②化学→③物理」の順で細かい用語などを暗記しなければいけない量が増えます。個々人の向き不向きによって、最も得点が望めそうな科目を選択すべきです。

ただ、物理・化学・生物に共通していえるのは、結局は論理的思考の科目だということです。

教科書で学ぶ基本的な知識・理論をベースとして、それを論理的思考によって組み合わせることで発展的な内容を理解し、問題を解けるようにしていきます。そういう意味では数学と同じです。

出てくる用語をただ覚えるだけでなく、「要するにどういうことか」を自分の中で確実に消化して理解を積み上げていく必要があります。

基本があいまいなまま進めても絶対にうまくいかないので、もし内容が理解できなくなってきたら、勉強の進度を落としてでも基本に立ち返って地盤を固めるようにします。

また、理科で出てくる複雑な理論は、教科書の文字だけで理解しようとするよりも、図を活用するほうが確実に早いです。数式や文章だけの説明では理解しにくいことも、図で考えると一発でポイントがつかめます。

そして、特に生物で出てくる大量の用語の暗記も、図やイラストと照らし合わせていくほうが絶対に覚えやすいです。これは「図化力」のトピックで述べたとおりです。

そのため、理科の勉強では、図版やイラストをふんだんに使っている教材を使うべきです。文字だけを追って勉強するよりも、はるかに効率的に理解・暗記が進みます。

社会を極める

私は高校時代は理系だったため、在学中は社会の科目は地理しかまともに履修していないのですが、2017年から2018年にかけて「歴史能力検定」で日本史と世界史の2級（高校卒業レベル）に合格しているので、その経験をふまえて社会の勉強法について書きます。

歴史や地理は、「とにかくたくさんのことを暗記していく科目」です。

しかし、人名や地名や用語を淡々と覚えていくだけではまったく面白くないですし、まったく頭に入りません。

私がおすすめするのは、ストレートに歴史や地理の勉強をするだけでなく、歴史や地理に関連する読み物的な本や、雑学本などを読んでみることです。

たとえば、「国境」「地形」「地政学」「宗教」「世界遺産」「国民性」などをテーマとした本を読んでみるのです。「あの歴史人物の意外なエピソード」「歴史のウラ話」的な本も面白いです。

文庫本サイズですぐに読み切れる本や、イラスト満載で楽しく読める本など、子どもにも読みやすい本もたくさん出ていて、気軽に読むことができます。

そして、このような本を歴史や地理の勉強と並行して読んでみることで、「あ、これって教科書に出てきたあれのことか」「あ、この人物ってあの変わったエピソードをもつ人か」といった知識のつながりが生まれます。より強固に記憶に残ったり、具体性をもったイメージとして理解できたりするようになるのです。

たとえば私が最近読んだ本としては、『地形で読み解く世界史の謎』『世界史「意外な結末」大全』『日本人が知らないヨーロッパ46カ国の国民性』といったものがあります。いずれも文庫本で気軽に読むことができ、歴史や地理の勉強にとても役立ちました。

「宗教問題や国境問題は、歴史や地理を勉強して初めて背景やストーリーが理解できる」

ということがいわれますが、逆もまた然りです。

「ただ教科書に載っているだけの歴史や地理」を真に理解するためには、宗教問題や国境問題といった現実の出来事や事例と結びつけて初めて、具体的に理解可能になるのです。

また、「図化力」のトピックでも述べたとおり、歴史はマンガなどのビジュアルで勉強するに限ります。ただ文字を追うだけの勉強よりもはるかに頭に入りますし、何より人物や出来事の名前が印象に残ります。

私自身も、教科書の勉強だけではさっぱり印象に残らなかった歴史人物について、その人を主人公としたマンガを読むことで、事績なども含めてしっかり覚えることができました。

そもそも、日本史はともかくとして、世界史や地理は、教科書や教材によって、単元の並びに大きな違いがある科目です。

一本道で理解するものではなく、さまざまな方向・観点からとらえることができる学問だということです。

歴史ドラマを観る、世界遺産の写真集を眺めるなど、いろいろな角度から歴史や地理にまつわるあれこれにふれてみることが有効です。

おわりに

グローバル化やＡＩ化の進展で、経済や社会の環境はめまぐるしく変化しています。

「そもそも今の日本の教育や試験制度の枠の中で点数をとる力だけを磨くことに意味はあるのか？」「日本の教育は世界標準から乖離していないか？」と感じる人もいらっしゃると思います。それについての私の考えを、「おわりに」として述べます。

詰め込み教育、知識偏重、偏差値至上主義など、日本型の教育の課題や問題点については、すでに多くの人がさまざまな持論を展開しています。

私の結論としては、「これはこれで、価値のある」ものだと考えます。何でもかんでも欧米に合わせればいいというものではありません。へたに欧米のやり方にならうのは、逆に日本の良さをつぶすことになりかねません。

必要以上に細かい暗記事項を正確に覚えさせる勉強に疑問が生まれるのは、わかります。

しかし、日本ではそのような正確性を重んじる精神や習慣が育まれた結果、世界でも類を見ない定時の電車運行や精密なものづくりが実現できているという側面もあるのではないでしょうか。「だいたい合っていればいい」という文化だったとしたら、おそらくここまで正確なシステムは生まれていなかったでしょう。世界には、重要な会議に何時間遅刻しても平気という文化の国もあります。

それがいいか悪いかという問題ではなく、「他国と同じ」よりもそれぞれが際立った特徴をもっているほうがいいのです。強みがみんな違うからこそ、社会全体・世界全体で見たときに価値が生まれます。アメリカ的な「新しいものを生み出すスキル」と、日本的な「既存のものを改良・精緻化するスキル」はどちらも重要です。

また、環境の変化が激しさを増すこれからの時代は「答えのない問題」に取り組む力が重要だともいわれます。それは確かにそうです。しかし、答えのある問題に答えられない人が、答えのない問題に対して答えを出すことがはたしてできるでしょうか。

答えのある問題もない問題も、「問題を要素に分解する」「仮説を立てて検証する」など、解決の仕方を考えるフローは基本的に同じです。答えのある問題を多く解いてきた経験があるからこそ、答えのない問題にも対応できる人になれるのです。

何でも「インターネットで調べればわかる」今の時代、「覚える勉強」に意味を感じられない人がいるかもしれません。そもそも、「学校の勉強で覚えた知識は社会に出たら役に立たない」ということは、ずっと昔からいわれ続けていることです。

覚えた知識自体は役に立つものばかりではないかもしれませんが、新しいことを学ぼうとする過程そのものによって鍛えられる力やスキルは、知識に劣らない価値があります。勉強に真摯に取り組むことによって、勉強以外にも応用できる「問題解決スキル」が磨かれるのです。

「将来確実に役立つことしかやらない」「AIに代替されそうなことはやらない」などと言っていたら、何もできなくなってしまいます。重要なのは、「学ぶためのスキル」を磨くことであり、何か新しいことを勉強しなければいけなくなったときに、素早く的確な対応ができることです。「得点力を高める」過程によって磨かれたものは、必ずこれからの人生で役に立ちます。

「はじめに」でも述べた通り、日本は先進国で最も「大人が勉強しない国」です。学生の皆さんにとっては「上の世代よりのし上がるチャンス」ですし、逆に現役社会人世代はこの状況にもっと危機感を覚えないといけません。本書がこれからの時代を生き抜くための「学ぶスキル」を身につけるきっかけとなれば幸いです。

最後に、ダイヤモンド社の編集担当・武井康一郎さんをはじめ、本書の制作に携わっていただいたすべての方々、そして本書を最後まで読んでくださったあなたに、心より感謝の意を表します。ありがとうございました。

2019年3月

鈴木秀明

参考文献

- 「『自ら勉強する子』にするために親ができることとは？」、ダイヤモンド・オンライン、2018年8月11日配信　https://diamond.jp/articles/-/176714
- 『3万人を教えてわかった 頭のいい子は「習慣」で育つ』河端真一著、ダイヤモンド社
- 「日本の成人の『生涯学習』率は先進国で最低」、ニューズウィーク日本版、2015年8月4日配信　https://www.newsweekjapan.jp/stories/world/2015/08/post-3823.php
- 『「読む力」と「地頭力」がいっきに身につく 東大読書』西岡壱誠著、東洋経済新報社
- 『人一倍時間がかかる人のための すぐ書ける文章術』吉田裕子著、ダイヤモンド社
- 『磯野家の相続』長谷川裕雅著、すばる舎
- 「労働生産性の国際比較」、公益財団法人日本生産性本部　https://www.jpc-net.jp/intl_comparison/
- 『絶対に解けない受験世界史』稲田義智著、社会評論社
- 『絶対に解けない受験世界史2』稲田義智著、パブリブ
- Hermann Ebbinghaus *Memory: A Contribution to Experimental Psychology,* Evergreen Review, Inc.
- 「パズル通信ニコリ」ニコリ
- 「5人に1人は「1日12時間以上ゲーム」経験者 ～東大生のゲーム事情～」東大新聞オンライン、2016年3月25日配信　http://www.todaishimbun.org/survey_game160325/
- 『日本人として知っておきたい 日本語150の秘密』沢辺有司著、彩図社
- 『村上式シンプル英語勉強法』村上憲郎著、ダイヤモンド社
- 『英単語の語源図鑑』清水建二、すずきひろし著、本間昭文イラスト、かんき出版
- 『「地形」で読み解く世界史の謎』武光誠著、PHP研究所
- 『世界史「意外な結末」大全』日本博学倶楽部著、PHP研究所
- 『日本人が知らないヨーロッパ46ヵ国の国民性』造事務所編著、PHP研究所
- 『歴史系倉庫 世界史の問題児たち』亀作画、PHP研究所

［著者］

鈴木秀明（すずき・ひであき）

資格・勉強コンサルタント。

1981年8月4日富山県生まれ。高校時代は塾・予備校に通わず、独学で東京大学理科一類に現役合格。東京大学理学部卒業。東京大学公共政策大学院修了。

24歳でAll About「資格」ガイドに就任。行政書士、中小企業診断士、気象予報士、証券アナリスト、宅地建物取引士、1級ファイナンシャル・プランニング技能士をはじめとした600を超える資格をすべて独学で取得。年間50以上のペースで資格を取り続けている。

資格ポータルサイト「資格・検定ラボ」を主宰するほか、ビジネス誌の資格特集の監修、テレビ、ラジオ出演など、メディア出演実績はのべ250回以上。

資格試験の実施機関へのコンサルティングやプロモーション支援、問題作成支援などの活動も行う勉強法のスペシャリストとして多方面で活躍中。

著書に『効率よく短期集中で覚えられる 7日間勉強法』（ダイヤモンド社）などがある。

東大→東大大学院→600個超保有の資格王が教える
点数稼ぎの勉強法

2019年3月13日　第1刷発行

著　者――鈴木秀明
発行所――ダイヤモンド社
〒150-8409　東京都渋谷区神宮前6-12-17
http://www.diamond.co.jp/
電話／03·5778·7232（編集）　03·5778·7240（販売）
装丁――三森健太(JUNGLE)
本文デザイン―大谷昌稔
製作進行――ダイヤモンド・グラフィック社
印刷――加藤文明社
製本――ブックアート
編集担当――武井康一郎

©2019 Hideaki Suzuki
ISBN 978-4-478-10756-0
落丁・乱丁本はお手数ですが小社営業局宛にお送りください。送料小社負担にてお取替えいたします。但し、古書店で購入されたものについてはお取替えできません。
無断転載・複製を禁ず
Printed in Japan

◆ダイヤモンド社の本◆

時間がなくても最速で結果を出す！試験に受かるための超合理的な方法

よく出る問題ほど後回しにして、「捨てる・詰め込む・追い込む」引っ越し作業のように、短期集中サイクルで絶対に忘れない勉強法。やらないところを決めて、不必要なところはバッサリ切り落とし、最後の１日で確実に覚える技術。

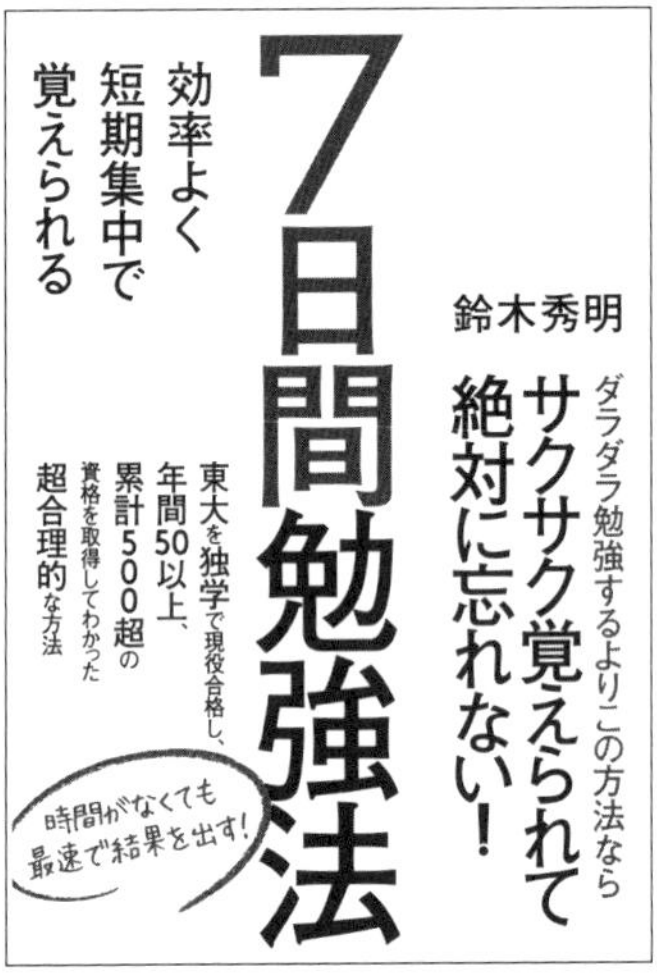

効率よく短期集中で覚えられる

7日間勉強法

鈴木秀明［著］

●四六判並製●定価（1400円＋税）

http://www.diamond.co.jp/